당신에게 사랑할 용기가 있는가

당신에게 사랑할 용기가 있는가

휴 프레이드 지음 | 하창수 옮김

리즈앤북
ries & book

아내 게일에게

I N T R O D U C T I O N

수년 전 펴냈던 〈사랑과 용기에 관한 비망록Notes on Love and Courage〉을 새롭게 고쳐 쓰면서 아내(게일)와 저는 무척 행복했습니다. 이 책을 읽게 될 여러분도 저희와 같은 행복감을 느끼게 되기를 소망합니다.

구태의연할지 모르겠지만, 이 책은 일정 부분 전통적으로 소중하게 여겨온 덕목들, 가령 이타심과 성실함, 정직과 용서, 그리고 용기에 관한 책입니다. 오래 전의 제가 이런 덕목들을 주제로 삼았다는 사실에 제 자신도 무척 놀랐습니다. 왜냐하면 이 책을 세상에 내놓기 이전의 저는 시니시즘cynicism(냉소주의)에 깊이 빠져 있었기 때문입니다. 어느 날 문득 저는 꽤 오랫동안 써왔던 일기를 펼쳐보게 되었는데 거기서 젊은 날의 제가 많은 것들을 내던져 버린 채 살고 있었다는 사실을 발견했습니다. 그것을 발견한 순간, 저는 완전히 바뀌어버렸죠. 제 안에 깊이 숨어 있던 어떤 모습이 드러나는 순간이었습니다.

자라면서 저는 어떻게 하면 훌륭한 인품을 가질 수 있는지에 대해 제대로 배우지를 못했습니다. 제가 들은 것은 자신을 최고의 수준으로 끌어올려야 한다는 것, 그 하나였습니다. 그래야만 너그럽고 정직하며 인내심이 강하고 남을 용서할 줄 아는 사람이 된다는 거였습니다. 덕성德性이란, 찾아 나선다면 반드시 찾을 수 있는 무엇이라는 거였죠. 만약 사랑을 삶의 중심에 두고 더욱 더 사랑하고, 그 사랑을 실천하고, 또 그 사랑을 아름답게 가꾸어간다면 더 큰 사랑의 인간이 된다는 사실은 의심의 여지가 없습니다. 거기에 더하여 내면의 자신과 마주칠 수 있게 된다면 한층 성숙한 인간으로 성장한다는 건 자명한 일이죠. 자신의 내면과 만나는 것은 너무도 소중한 일입니다. 내면과 깊이 조우한 사람은 타인을 세심하게 배려하게 되고, 너그러워지며, 타인을 위해 기꺼이 자기 자신의 시간을 포기할 수 있는 인간이 됩니다. 나아가 타인에게서, 자기 자신이 아니라 이 세상 속에서, 더 큰 아름다움을 보게 될 거라는 사실을 저는 의심하지 않습니다. 기꺼이 마음을 다해 행한다면 그 일이 무엇이든 반드시 이루어지게 되어 있는 법이니까요.

처음 직장에서 일을 하게 되었을 때 저는 어릴 적에 품었던 이상理想들을 활용할 수 있도록 스스로에게 용기를 불어넣었습니다. 성실함은 상대의 마음을 움직이게 했고, 유쾌한 성격은 관계를 맺는 데 유익했으며, 사사로운 판단을 접고 긍정적으로 사고하는 것은 무기력한 영업사원을 활력 넘치는 세일즈맨으로 바꾸는 강력한 무기였습니다. 하지만 시간이 흐르자 상황은 전혀 엉뚱한 결과를 나타내기 시작했습니다. 유쾌함, 이타심, 겸손, 정중, 선함 따위의 말들에 점점 구역질이 나는 것이었습니다. 결국 저는 그런 덕목들이 지닌 가치를 더 이상 믿지 않게 되었을 뿐 아니라, 그런 것들이 언젠가는 효과를 발휘하게 될 거라는 최소한의 기대조차 하지 않게 되고 말았습니다. 유쾌함은 위선이었고, 이타심은 자기기만이었으며, 겸손은 나약함의 다른 말이었고, 정중은 한낱 겉치레일 뿐이었습니다. 그리고 온전한 선함 따위는 존재하지도 않는 거라고 믿게 되었던 것입니다.

편견은 끔찍하고 지독한 마음의 병입니다. 무엇보다 '말'에 대한 그릇된 편견은 우리의 시야를 완전히 가려버립니다. 수많은 종교 지도자와 영적 교사들이 그토록 많은 시간을 투자해 사람들에게 선해질 것을 주문하고, 파괴로부터 치유로 돌아서기를 독려해온 이유는 바로 이 때문입니다. 사실, 선량해지기 위해 투자하는 시간을 '허비'라고 생각할 만큼 인간이 어리석지는 않습니다. 만약 노력에 의해 영적인 진보를 이룰 수 없다면 인간의 삶은 확실히 '허비'되는 것이 맞겠죠. 만약 태어날 때부터 이미 정해져 있다는 운명이란 것이 우리의 영적 진보마저 결정짓는 거라면, 많은 인간들이 스스로의 의지를 불태워 얻어냈던 것들은 그럼 무엇일까요? 만약 우리의 내면 가장 깊은 곳에서 일어나는 충동들이 긍정적이지 못하다면, 결국 우리의 삶이란 '허비'일 수밖에 없을 것입니다. 우리가 아무리 크고 좋은 영향을 받는다 하더라도 결국 그것들은 우리의 마음을 움직일 수 없을 테니까요. 진정으로 선함이 존재하지 않는다면, 그것이 잠재하지조차 않는 거라면, 인간의 삶이란 결국 '허비'되는 것이 맞을 것입니다. 이때 인간의 삶이란 현실이 아닌 한낱 신화일 뿐입니다.

전혀 무용한 만남이란 게 존재할 수 있을까? 내가 아는 사실은 이렇다. 이 세상에 중요하지 않은 사람은 없다는 것. 지금 여기에 꼭 있어야 할 필요가 없는 사람은, 단 한 명도 없다는 것.

우리에겐 '다른 사람'이 필요하다. 단지 살아가기 위해서가 아니라 온전한 인간이 되기 위해서. 사랑이 가득한 사람이 되기 위해서, 그리고 즐겁고 유쾌하며 관대한 인간이 되기 위해서 우리에겐 '타인'이 필요하다. 서로 사랑하고, 함께 웃고 떠들며, 우리 자신을 온화하게 대해줄 사람이 없다면, '나'를 믿어줄 사람이 없다면, 우리가 가진 사랑은 온전한 사랑이 아니다. 우리는 하나의 관념을, 혹은 이상理想을 사랑할 수도 있다. 그러나 그것을 두 팔로 껴안을 수는 없다. 선물을 건네줄 수 있고, 자신의 꿈을 나눌 수 있는 사람이 존재하지 않는다면, 잘못을 용서해주고, 털어놓기 힘든 비밀들을 털어놓을 상대가 없다면, 우리는 인간이 아니라 단지 하나의 사물에 불과하다. 그저 연주되어질 뿐 음악 자체를 가지고 있지 못한 악기처럼.

어젯밤, 우리 부부는 어떤 남자에 대해 다시금 얘기를 나누기 시작했다. 그는 자신이 상대를 성실하게 대하지 않는다는 사실을 깨닫지 못한 사람이었다. 제 마음대로 누군가를 조종할 수가 없게 되면, 그는 어떻게든 속임수를 쓰려고 했다. 그 속임수가 얼마나 논리적인지 자신마저 속아 넘어갈 정도였다. 그는 이해심 많은 친구들이 그런 자신을 용서해줄 거라고까지 생각하고 있었다. 하지만 친구들을 속이려 드는 그가 어떻게 용서받을 수 있겠는가? 결국 그에게 돌아오는 건 좌절뿐이었다. 성실하다는 것은 논리적인 것과는 거리가 멀다. 성실한 것은 오히려 반박을 당하기가 가장 쉬운 감정이다. 친구 사이라면 가끔은 공통적인 관심사에 반하는 행동을 하곤 한다. 심지어 그 친구를 반드시 도와야만 한다면 우리는 본연의 우리를 과감히 무너뜨릴 수도 있다. 시간을 빼앗기는 것보다, 혹은 돈을 잃거나 일자리를 잃는 것보다, 나아가 생명을 잃는 것보다 더 나쁜 것이 있다는 사실을, 우리는 누군가를 사랑하게 될 때 이해하게 된다. 그를 도와야 하는 것이다. 그의 내면에 닿아 그의 성실성을 자극할 수 있는 말은 어떤 것일까? 그가 이성적으로 행동하고 흔들림 없는 삶을 살아가는 방법이 존재한다는 사실을 알고 있었다면, 굳이 그에게 성실함 따위를 가져야 할 이유를 어떻게 설명해주어야 하는지에 대해 고민할 필요는 없었을 것이다.

"당신이 맨 먼저 책임져야 할 사람은 당신 자신인가?" 이 질문은 오해를 불러일으킬 소지가 있다. 즉, 이것은 진심어린 사람을 농락하는 질문이 될 수도 있는 것이다. 이것은 다음과 같은 질문, "당신은 걷기 위해서 반드시 두 다리에 교대로 체중을 실어야 하지 않는  가?"라고 묻는 것과 같다. 당연히 걷기 위해서 당신은 체중을 두 다리에 교대로 이동시켜야만 한다. 그러나 체중을 이동시키는 데에 의식을 집중한다면 제대로 걸을 수가 없을 것이다.

당신이 맨 먼저 책임져야 할 사람은 당연히 당신 자신이지만, 그 사실을 항상 염두에 둘 필요는 없다. 그것은 너무도 자연스런 일이기 때문이다. 어떻게 체중을 이동시키는지에 대해 신경을 쓰지 않더라도, 걸음을 뗄 때마다 당신의 두 다리는 저절로 체중을 옮겨 싣는다.

우리가 누군가의 감정과 행복에 영향력을 행사하는 경우가 있다. 우리는 이 사실을 피할 수가 없다. 게일과 내가 갖고자 했던 한 가지는 '스윙-도어'swinging door(안팎으로 저절로 여닫히는 회전문 – 역자)다. 나 자신을 위해 그리고 아내를 위해 내가 화목함을 택할 때만이 의미가 있는 것이 아니라, 고통을 선택할 때조차, 내게 또 다른 선물이 된다는 점에서 충분히 의미 있는 일이다.

개개인의 성장은 관계보다 앞설 수 없다. 혼자라면 개인의 성장은 시도되는 중에 멈추어버리기 때문이다.

●

"네 이웃을 자기 자신처럼 사랑하라,"는 말은 자기 자신을 먼저 사랑해야만 한다는 것처럼 들리지만, 사실은 그렇지 않다. 이 말은 온전한 사랑에 조금이라도 모자라는 것은 사랑이 아니라는 의미를 담고 있다. 온전한 사랑을 이야기하는 것이다. 사랑은 배제가 아니라 껴안음이다. 만약 우리가 다른 누군가를 사랑하지 않는다면, 너무도 당연히, 그것은 우리가 우리 자신을 사랑하지 않는 것이 된다.

당신에게 사랑할 용기가 있는가

사랑은 내 안에 있는 것일까, 아니면 나와 멀리 떨어져 있는 뭔가가 나를 통해서 작용하는 것일까? 나는 둘 중 어떤 것인지를 추론할 수는 있다. 하지만 추론 이전에 사랑이 전해져 오는 그 느낌을 부인할 수 없다. 그것은 그 어느 때보다 풍부하게 '나' 자신을 느끼게 한다. 내가 아무 것에도 구애받지 않고 사랑할 때, 어떤 이유도 계산도 없이 내 안에 사랑의 감정이 일어날 때, 나는 귀하기는 하지만 낯선 어떤 영혼을 담아놓은 그릇 같다는 느낌이나 나의 바깥에 있는 어떤 것을 내게로 가져오는 이동수단이 된 것 같다는 느낌은 들지 않는다. 나는 느낀다. 사랑하는 그것이 또한 바로 나다. 충동이 상처를 입히는 것이 될 때, 그리고 내가 그 충동을 따를 때, 나는 배신자가 된 기분이다. 그때 나는 나의 밖으로 사라져 버린다.

내가 나 자신과 맺고 있는 관계를 분리하는 것은, 내 시선을 잡아끄는 것에 경도되는 것은 재밌는 일이다. 때로 유용한 일일 수도 있다. 하지만 그것은 시간이 길어질수록 더 위험해지는 외과수술과 같다. 결국 나는 옴짝달싹할 수 없게 되고, 내 생의 한쪽이 기약 없이 잘려나가게 될 것이다. 그때 나의 정체는 궁극적으로 타인에 대해 내가 어떻게 반응하는가에 의해 규정될 뿐이다. 나의 존재는 여지없이 무너지고, '이곳'의 내 값어치는 '저곳'의 내가 가진 값에 불과하다.

누군가가 저지르는 실수, 혹은 누군가가 익혀야 할 필요가 있는 교훈이 무엇인지를 판단해줄 위치에 있지 않다는 사실을, 오늘 나는 깨달았다. 나는 그가 얼마나 먼 길을 에둘러왔는지, 혹은 그가 얼마나 눈부신 발전을 이루어낼 것인지 알지 못하며, 따라서 그가 해야 할 일이 무엇인지도 당연히 알지 못한다. 하지만 내가 알고 있다고 생각한다면, 그것은 내가 해야 할 것을, 나 자신의 인생에서 책임져야 할 그 무엇을 내가 하지 않고 있다는 게 된다.

나는 나 자신 안에서는 발견되어질 수 없다. 나는 타인들 속에서 나 자신을 발견한다. 너무도 명백한 일이다. 또한 나는 타인들 속에 있는 나 자신도 또한 사랑하고 아낀다는 생각이 든다. 그것은 내가 깨어 있다는 사실을 일깨워주는 누군가를 도와주는 일이다. 일깨워진다는 것은 결합되는 것이고, 하나가 되는 것이기 때문이다. 잠들어 있다는 것은 서로를 공격하기 위해 대립하고 있는 세계로 분열된 마음을 갖고 있다는 것이다. 이 단순한 패턴은 끝없이 반복된다. 어떤 지인이 내게로 와서 그 혹은 그녀를 괴롭히는 몇 가지 사실들을 털어놓는다. 나는 그 얘기를 잠자코 듣고 있거나, 함께 얘기를 나눈다. 그 혹은 그녀가 돌아간 뒤, 나는 우리가 만나기 전에 내 마음이 울적했거나 기분이 별로 좋지 않았다는 사실을 기억한다. 얘기를 듣거나 얘기를 나누는 사이에 그 불쾌한 기분이 사라진 것이다.

나는 상속인이 되어 그날을 보냈다. 무슨 일을 하게 되든 상관없이 내게로 오는 모든 것을 기분 좋게 받아들이도록 노력하겠다고 결심했던 것이다. 그러자 뭔가가 달라지기 시작했다. 쏟아져

들어온 편지들은 하나같이 내가 선사해준 것이 어떤 이익들을 가져왔는지에 대한 것이었다. 나는 '헌신적으로 받아들이는 사람'이 된다는 것이 어떤 기분인지를 만끽하고 싶었다. 그것은 즐거운 일이었다. 나는 무척이나 아름다운 인간이 된 듯 느껴졌다. 뉴멕시코의 사막으로부터 선물들이 넘치도록 날아왔다. 거센 바람에 몰려오는 구름과 새들, 산정을 비추는 빛, 단정하면서도 화려하게 채색된 날개를 단 것들이 시리얼을 먹고 있던 내 식탁 앞으로 몰려왔다. 그런 것들에 나는 그다지 놀라지 않았다. 내 예상을 완전히 빗나가게 만든 것은 엄청난 숫자의 보통 사람들이, 일면식도 없었던 사람들이 모습을 드러냈다는 사실이었다. 그들은 인간의 본성으로부터 자연스럽게 흘러나온, 전에는 감지하지 못했던 깊은 사려와 호의를 드러내 보여주었다. 그것은 넘치는 유머와 배려만이 아니라 몸짓과 표정을, 호소력이 깃든 목소리를 갖고 있었다. 그것은 다른 사람과 자리를 함께 하고 있을 때 본능적으로 드러나는 그런 태도였다. 그것은 흔히 우리가 가식이라고 부르는 것과는 분명히 달랐다. 그것은 나로 하여금 동물들이 친밀감을 표현하기 위해 상대의 몸에 털을 비비는 장면을 상기시켰다.

　　내게는 얘기를 귀담아 들어주는 좋은 친구가 하나 있다. 그녀에게 내가 가진 몇 가지 곤란한 얘기를 할 때면, 그녀는 그저 도움이 될 만한 말을 해주기 위해 기다리고 있는 것처럼 보이지는 않는다. 그녀의 주된 관심은 자신이 좋은 청취자라는 걸 드러내 보이려는 데 있지 않다. 그녀는 마치 모든 점에서 나의 문제를 그녀 자신의 문제로 받아들이는 것처럼 보인다. 그녀가 내게 성의를 다하는 사람이긴 하지만, 결코 내가 충분히 비난할 수 있는 사람조차 함부로 비판하지 않는다. 그녀는 내가 그 사람을 얼마나 사랑하는지를 본능적으로 알고 있으며, 내가 비록 그를 비난한다 해도 그녀는 나를 온전히 신뢰하기 때문에 넌지시 언질을 해줄 뿐이다. 그것은 내가 높은 수준에 닿기를 그녀가 원하고 있음을 의미하며, 내가 화를 내는 것이 피상적일 뿐이라는 사실을 또한 그녀가 잘 알고 있다는 뜻이다. 하지만 그 사람이 내 삶에 별 의미가 없는 사람이라면, 그 사람에 대한 그녀의 비판은 더없이 가혹하다. 그녀의 비판을 듣고 있으면 내가 얼마나 바보스럽게 행동했는지를 깨닫게 된다. 그 친구가 내 아내라는 사실은 공짜로 얻어걸린 행운이 아닐 수 없다.

　한 남자가 자신의 손아래 동생이 칼에 찔렸다고 말하면서 위로해 주기를 간청하는 눈빛으로 나를 바라보았을 때, 나는 고통에 빠져 있던 내게 도움이 되었던 생각들을 20여 분 동안이나 들려주었다. 그러자 그는 내게, "동생이 죽는다면, 나도 지체 없이 죽을 겁니다. 우린 떨어질 수 없는 사이니까요," 하고 말했다. 나는 문제를 해결해주려고 했던 것이 바보 같은 짓이었다는 느낌이 들었다. 세상에는 말로는 표현할 수 없는 고통이 있다는 사실을, 지나치게 신중하게 생각하느라 미처 눈치채지 못했던 것이다. 그에겐 단지 함께 있을 누군가가 필요했을 뿐이었다.

●   오늘 하루는 마법처럼 지나갔다. 나는 세 친구들을 한 번에 한 사람씩 만났고, 친구란 존재가 나를 변화시킬 수도 있다는 사실을 알게 되었다. 첫 번째 친구는 잘 볼 수 있도록 나를 들어 올려 주었다. 나는 어떤 것들이 만나고 나누어지는 지점을 구별할 수 있게 되었고, 그것들이 미지의 시간으로부터 내게로 필연적으로 오게 될 거라는 사실을 알게 되었으며, 새로운 요소들과 그것들이 어울려 이루어낸 완성된 형태, 그리고 우리가 결코 잊어서는 안 되는 오래된 원칙들을 새삼 알게 된 것이다. 나는 그 하나하나에 이름을 붙일 수가 있었다. 그 이름들이 내 입에서 흘러나왔고, 친구는 내가 붙인 개념들을 기쁘게 받아들였다. 그는 자신이 내게 그런 시야를 확보해주었다는 사실을 알지 못하는 것 같았다.

   두 번째 친구는 나를 부드럽고 진실한 인간으로 만들어주었다. 그녀는 대화가 필요했고, 그래서 우리는 오랜 시간 얘기를 나누었다. 그녀는 내가 떠나려하자 내가 보여준 관심에 감사를 표했다. 내가 만약 다른 방식을 취했다면 그녀는 나를 받아들이지 못했을 것이다. 세 번째 친구는 나를 익살꾼으로, 어릿광대로, 명언의 창조자로 돌변시켰다. 나는 내 삶이 얼마나 많은 부조리로 채워져 있는지를 알지 못했다. 그는 내 말에 웃고 또 웃었다. 그가 나를 유쾌한 사람으로 만들어놓았기 때문에, 그건 너무도 당연한 일이었다. 친구들은 자신이 내게 무엇을 해주었는지를 알지 못한다. 그들에게 그건 아무 일도 아닌 것이다. 그런 건 그들에겐 아주 흔한 일이기 때문이다. 나는 나 역시 그들의 내면에 변화의 싹을 심어주었다고 확신한다. 우리들 각자는 상대방의 현재 안에 존재한다. 이것이 진정 가치 있는, 쉽게 떨어져 나가지 않는 사랑이며, 자족自足이라는 명징한 개념에 속하는 그 무엇이다.

당신에게 사랑할 용기가 있는가

오늘 점심 때, 3주 후에 앤과 결혼을 하기로 했다고 조가 말했다. "연애 기간이 약혼 기간인 셈이죠." 그들은 만나고 얼마 있지 않아 약혼을 한 사이였다. 그 얘기를 들으면서 나는 나 역시 조만큼이나 불합리한 균형 감각을 지녔다는 사실을 인정했다. 그를 우려의 눈으로 볼 이유가 없었다. 하지만 그가 던진 다음과 같은 말은 나를 불안하게 만들었다. "앤 같은 여자를 결코 만난 적이 없어요. 그녀는 제가 원하는 모든 걸 갖춘 여자예요." 그녀가 갖추고 있다는 그것들이 그의 빈 곳을 메워주고 있는 셈이었다. 나는 많은 결혼이, 심지어 우정조차, 상대에게 비어 있는 곳을 숙명적으로 발견하는 순간 끝나버리는 것을 수없이 보아왔었다. 때로는 '뭔가를 상실한' 듯한 모호한 느낌만 있을 뿐, 그 이유를 명확히 지적하지 못할 때도 있다. "그녀는 볼링을 치려고 하질 않아."라든가, "그는 유머 감각이 없어, 완전 제로야." 같은. 한번은 대런이 내게 말했다. "짐과 난 책에 대해 전혀 얘길 하지 않아요. 책에 대해 말하고 싶어지면 난 메이 고모 집엘 가죠. 메이 고모는 독서를 하시거든요." 아주 간단하다. 우리 모두가 찾고 있는 '모든 걸 갖춘' 친구를 찾으려면, 적어도 다섯 명 이상의 친구가 필요하다.

　내 안의 무언가는 알고 있다. 나를 이루고 있는 것의 대부분을 사람들이 미처 알아차리기도 전에 죽어갈 것이라는 사실을. 그래서 그것은 가만히 행동하지 못한다. 결국 나는 내 안에 안주하지 못한 채 나라는 집을 나선다. 해결해야 할 문제가 무엇인지 마음에 닿는 순간, 그 마음의 본성은 뭔가를 선택하고 그것에 착 달라붙는다. 선택하고 착 달라붙는 것이라면 구둣가게에서나 유용한 일이다. 그러나 사람의 문제에서는 다르고, 달라야 한다. 만약 그저 거기 있다는 이유만으로 나 자신이 그를, 혹은 그녀를 필요로 한다면, 그 혹은 그녀를 친구로 만들지 못하게 될 때 나는 친구도 없이 지내게 될 거라는 기이한 확신은 결국 내가 함께하고 싶은 사람으로 하여금 겁을 집어먹고 달아나버리도록 만들 뿐이다.

그 누구도 자신이 단지 유용한 '재료'로 쓰이길 원하지는 않는다.

창문은 풍경이 아니다. 창문은 풍경을 '허락'한다.

●　많은 사람들이 스쳐 지나간다. 하지만 매년 서로 다른 얼굴이 마치 때마다 새로이 흘러오는 강물처럼 다시 나타나는 것은 아니다. 내 눈으로 가늠할 수 있는, 단지 몇 명 정도에 불과하다. 하지만 그 정도에 불과한데도 나는 종종 제대로 알아보지 못한다. 사는 동안 나는 수없이 많은 사람을 내 눈으로 본다. 창밖으로, 거리를 지나며, 건물 안에서. 그 사람들이 무슨 상관이냐고? 상관이 없다. 나와는 아무런 상관이 없는 사람들이다. 내가 태도를 바꾸지 않는 한, 그들은 그저 흐릿한 배경의 일부에 지나지 않는다.

당신에게 사랑할 용기가 있는가

　　게리Gary의 사무실에서 나와 집으로 돌아가면서 나는 그가 들려준 우스갯소리를 떠올리고 있었다. 여러 사람들이 내 곁을 스쳐갔다. 나는 그들 대부분이 내 얼굴을 보고 미소를 짓고 있다는 사실을 깨달았다. 그 깨달음은 내게, 일면식도 없는 낯선 사람들과 소통할 수 있는 어떤 일반적인 가능성을 시사해주었다. 거기에는 미리 준비한 인사법이나 정형화된 다정한 표현 같은 것들을 발견할 수 없다. 거기에는 일부러 그러려고 하지 않아도 만나는 사람들 속에 이미 내재한 유머, 사랑, 행복감 같은 것이 자연스럽게 드러날 뿐인 것이다.

우리는 아무 생각 없이 가게로 들어와 복도를 지나가며 서로의 눈을 바라본다. 두 생명체가 교차하는 그 순간, 뭔가가 형성된다. 아주 잠깐 동안이지만, 새로운 '뒤섞임'이 일어나는 것이다. 얼마나 순식간에 일어났든 상관없이, 나는 그 사람에게 뭔가를 건네준 것이다. 게일과 집에 있을 때든, 거리를 지나가고 있을 때든, 그 일은 분명히 일어났을 것이다. "우리를 각성시키는 것은 무엇인가?"라는 질문은 인생에서 중요하게 던져져야 할 질문이다. 이 질문에 대한 답은 인생에 영원히 새겨지는 화려하고 영광스런 무엇이 아니다. 거기에는 매일매일 마주치는 몇 명 되지 않는 사람들과 사랑을 나누어 가지는가, 아니면 냉랭히 지나쳐가는가, 라는 문제가 놓여 있다. 오늘 집으로 차를 몰고 돌아오던 오후 다섯 시경, 나는 파세이오우 데 페랄타Paseo de Peralta(페랄타 지역의 가로수길 – 역자)에 늘어선 차량의 긴 행렬 속에 묻혀 있었다. 조그마한 꼬마가 산타페 특유의 진흙 담 위에 올라앉아 지나가는 차들을 향해 손을 흔들고 있었다. 소년은 자신의 인생에서 짧은 한 순간을 그렇게 보내고 있었다. 그 소년을 외면하는 사람은 아무도 없었다.

● 나는 오늘 한 가지 실험을 했다. 고향으로 오긴 했지만 내 모습이 워낙 많이 변해버려서 아무도 나를 알아보지 못할 거라는 생각을 하면서 광장을 돌아다녔다. 광장에서 만난 사람들은 모두가 내게는 너무도 절친했던 지인들이었다. 그들을 다시 만났다는 사실은, 그리고 그들이 잘 지내고 있다는 사실은 놀랍고도 기쁜 일이었다. 나는 걸으면서 그 생각을 하고 있었지만 일부러 눈을 마주치려고 하지는 않았다. 나는 사람들이 두 개의 그룹으로 나누어져 있다는 사실을 발견했다. 반 정도 되는 사람들은 나를 의식하지 못했다. 하지만 나머지 반 정도 되는 사람들은 내게 고개를 끄덕여주거나 미소를 보냈다. 그들은 마치 무슨 비밀을 간직한 것 같은 독특한 느낌을 주었다. 그러나 그 비밀은 나처럼 게임을 벌이는 사람들이 갖고 있는 그런 비밀스러움과는 달랐다. 우리는 낯선 사람들이 아니며, 따라서 우리의 관계는 그 이전에 이미 실재적인 의미 안에 존재하고 있었던 것이다. 하나가 된다는 것은 이미 가족관계를 통해 경험한 바 있다. 우리는 우리를 둘러싸고 있는 것을 통해 친숙함을 느낀다. 뭔가가 친숙하다고 느껴진다면, 그건 늘 거기에 존재해 있었다는 뜻이다.

사랑은 있는 그대로를 보는 것이다. 우리는, 우리를 좋아하는 사람은 우리를 이해한다고 느끼고, 우리를 좋아하지 않는 사람은 우리를 오해한다고 느끼는데, 그 느낌들은 지극히 현실적이다.

우리가 가진 수많은 사랑에 수없이 많은 한계를 지워놓는 건, 우리 자신이다.

당신에게 사랑할 용기가 있는가

초등학교 때 조금 한 걸 빼면, 나는 축구를 해본 적이 없었다. 고등학교 고학년에 진학한 나는 축구팀에 들기 위해 테스트를 받기로 결심했다. 새로 부임한 코치가 마음에 들기도 했지만, 운동에 대한 두려움과 맞서고 싶었다. 몸을 부딪치는 것에 두려워만 하고 있다가는 거의 정상적인 생활을 할 수 없을 거라는 사실을 당시의 나는 잘 알고 있었다. 코치는 내가 가진 것 이상으로 내 능력을 높이 평가했고, 나는 매일 그가 요구하는 대로 나를 변화시켜나가기 시작했다. 그건 기적 같은 일이었다. 나는 학교 대표팀에 뽑혔을 뿐만 아니라, 주전 선수가 되었다. 코치는 내가 해낼 수 있다는 것을 발견했고, 다른 누구도 아닌 내게서만 끌어낼 수 있는 것을 끌어내주었다. 하지만 대학에 입학했을 때, 그곳의 코치는 심드렁했다. 두려움은 되돌아왔고, 나는 '누군가와 함께 하는 것'을 중단했다. 나는 누군가로부터 존중받는다는 것이 얼마나 큰 힘이 되는지를 경험했지만, 정작 내가 나 자신을 존중하는 힘은 맛보지 못했던 것이다.

발을 구르고 비명을 지르며 끌려 다니는 것 말고, 험난한 인생을 통과해 나가는 다른 방법이 있어야만 한다.

당신 자신을 받아들이는 법을 배우는 것은 변화의 시작이다. 타인을 받아들이는 법을 배우는 것은 '전체'가 되고 '완전함'에 이르는 시작이다. 사랑은 확산된다. 사랑은 단지 더 많은 것을 보고 더 많은 것을 감싸 안는 것만이 아니라, 감싸 안은 그것을 활짝 꽃 피게 하는 원인이고 이유고 까닭이다.

내 자부심이 얇디얇은 한 조각 베니어판에 불과할 때, 다시 말해 내가 가진 자부심이라는 것이 나의 몸, 내가 입고 있는 옷, 그럴싸한 말솜씨로 얻은 명성 따위의 허울로 생겨난 것에 불과할 때, 나는 살아 있고, 웃고, 상처를 받는 생명을 가진 존재로서의 인간에게 민감해지지 못한다. 나는 그들의 눈을 똑바로 바라보지 못하고, 다만 그들이 내게 보여주는 반응을 통해 그들을 살펴볼 뿐이다.

우리가 저지르는 실수는 우리가 우리 자신에 부과한 한계가 어떻게 드러나는지를 보여주는 실례일 뿐이다.

가끔 나는 나 자신에 대해 내가 얼마나 성실한지, 친구들에게 보여주는 성실함만큼 높은 것인지 궁금해지곤 한다. 나는 내가 펼치는 주장이 정당하다는 것을 설명하면서 나 자신을 몽땅 소진시켜버릴 수도 있다. 어줍게 나 자신을 드러낼 때, 그 알량한 품위와 공정함은 어디에 있겠는가? 가끔은 나 자신을 비하하는 걸 즐기기도 하는데, 물론 나 자신은 즐거울 리가 없다. 내가 나 자신에게 드러내는 것 이상으로 누군가가 내게 존경심을 느낄 거라고 기대하는 건 얼토당토 않는 일이다. 그러나 희한하게도, 나는 다른 사람들을 존중함으로써 나 자신을 존중한다. 믿음의 자물쇠를 푸는 열쇠는 내 힘을 끌어 모으거나 나의 이미지를 부풀리는 데서 얻어지는 게 아니라, 나 자신에게 사로잡히지 않도록 생각하고 행동하는 것으로부터 얻을 수 있다.

　　자신을 존중하는지 않는지는, 그들의 태도와 목소리, 생각의
진지함을 통해 드러난다. 전략적으로 그렇게 할 수는 없다. 또한
예의바르거나 자제력이 있는 것과는 아무런 상관이 없다. 왜냐하
면 우리가 만약 우리 자신을 사랑한다면 때로는 우리 자신을 구속
하지 않고 내버려둘 수도 있기 때문이다. 사랑의 바람결 위로 우
리 자신을 던져놓으면 높이 솟구쳐 오르리라는 것을 우리는 알고
있다.

● 짐과 그의 어린 아들과 함께 있으면 정말 즐겁다. 그들이 얼마나 서로를 사랑하고 있는지는 보는 사람이면 누구나 알 수 있다. 심지어 심통 사납게 논쟁을 벌이고 있을 때조차 정다움이 한껏 묻어난다. 사랑은 내가 개입되어 있는 전쟁이 아니다. 만약 진실로 내가 누군가를 좋아한다면, 나의 애정을 누구나 알아채게 될 것이다. 게일이 전화를 걸고 있을 때, 그녀의 웃음소리와 목소리는 통화를 하고 있는 사람을 그녀가 얼마나 좋아하는지를 또렷하게 드러낸다. 우리는 우리가 상대방을 좋아하는 것 이상으로 상대방도 우리를 좋아하는지 확인하기 위해 끈질기게 압력을 행사한다. 사랑은 스스로를 드러내 보일 필요성을 느끼지 않는다. 그것은 저절로 드러난다. 모든 근육, 모든 행동이 사랑을 적나라하게 노출시키는 것이다. 당신의 가슴을 사랑으로 채워보라. 그러면 사랑이 자연스럽게 드러날 것이다.

사랑은 벗겨지는 것이다. 사랑은 조심스럽게 옷을 벗는다. 겹쳐진 꽃잎처럼. 사랑은 성자들만의 전유물이 아니다.

많은 사람들이 결혼을 하자마자 '권리'에 대해 우스꽝스런 생각들을 드러낸다. 상대로 하여금 예의바르게 행동하도록 하기 위해 지나치게 노력을 기울이는 결혼에는 희망이 없다. 내가 함께 인생을 영위하고 싶은 사람은, 그녀가 원하는 삶을 살아가기 위한 가장 멋진 기회를 주는 사람이 내가 될 수 있는, 그 여자다.

지난 9년 동안 거의 이상적인 관계를 가져온 커플이 지난 크리스마스 때 결혼을 했다. 그들의 결혼은 3주 만에 끝났다. 원한에 사무친 결혼생활을 이혼으로 끝내는 것은 드문 일이 아니다. 결혼과는 상관없이 지극히 조화롭게 함께 살아가는 것 또한 흔한 일이다. 이 둘의 간격(차이)은, 서로를 간섭하지 않고 용인하는, 그 간격이다.

●
　결혼은 서로를 소유하는 것이 아니다. 결혼은 상대의 올바른
판단력과 의도를 신뢰하는 행위여야 한다. 만약 결혼이 서로에 대
한 존경심의 표현이라면, 그때 결혼은 그들의 사랑 위에 영광을 얹
어줄 것이고, 해마다 쌓이는 정을 흐트러뜨릴 수도 있는 순간적인
이기심을 줄여줄 수도 있다.

당신에게 사랑할 용기가 있는가

이제 7월이 되면, 게일과 나는 결혼 36주년을 맞는다. 이것은 내가 누군가와 맺어온 관계들 중에서 우리의 결혼이 가장 오랜 시간 지속된 관계라는 것을 의미한다. 결혼을 하기 전의 나는, 저절로 쌓이는 시간이 이토록 내 인생의 가치를 높여줄 거라고는 상상할 수조차 없었다. 그 시간은 어떤 고결함을 내게 더해주었다. 내가 존중하는 누군가가 나와 함께 36년을 함께 하길 원했다니!

여러 해 동안 나는 결혼에 대해 부정적인 생각을 갖고 있었다. 결혼은 인간의 영적 성장에 방해가 되는 경향이 있다는 것, 고갈되어버린 관계를 떠나지 못하도록 외적으로 끊임없이 가하는 통제라는 것 등이 그것이었다. 나는 어떤 관계도 영속적이지 않고, 각자는 저마다의 타고난 역량과 수명을 갖고 있으며, 의식이 높은 사람은 머물 시간과 떠나야 할 시간을 알 수 있다는 생각을 갖고 있었다. 그런데 어째서 사람들은 '머무름staying'이라는 이상적인 조건에만 기초하고 있을 뿐인 합의 속으로 뛰어드는 것일까? 나는 오랜 기간 계속되는 결혼생활을 의심어린 눈으로 바라보았다. 그러면서 나는 중얼거렸다. '도대체 똑같은 사람과 10년, 혹은 20년을 살면서 얼마큼의 변화를 기대할 수 있을까?' 더구나 변화도 없고 자극도 일어나지 않을 때, 사람들은 그냥 그대로 남아 있으려는 성향을 갖고 있지 않은가.

그러나 이제, 나의 경험이 내게 하나의 대안을 제시한다. 하지만 효과가 있는 것들이 때로 그렇듯, 제대로 입증하기는 곤란하다. 게일과 내가 서로를 만족스러워하지 않았다면, 혹은 우리 자신의 힘으로 헤어지려는 것을 막는 어떤 형태의 억지력을 이끌어내지 못했다면, 우리가 지금 함께 살고 있지 않을 거라는 건 자명한 일이다. 결혼을 함으로써 우리는 뭔가를 지속하기 위해 노력한다는 것에 동의했다. 또한 우리는 불유쾌한 것들과 결별하자는 데도 동의했다. 그리고 우리는 사랑을, 서로에 대한 지지와 우리가 가진 모든 것을 똑같이 공유할 것을 약속했다. 그리고 우리는 이 사실들을 공공연히 밝혔으므로, 이런 일들에 우리가 실패했을 때 당연히 사람들에게 알려질 거라는 사실을 잘 알고 있었다. 이러한 행위는 결코 합리적인 것이 아니었다. 결혼식을 치르기 위해 우리가 오클라호마로 차를 몰아가던 날 밤을 나는 기억한다. 나는 끝도 없이 나 자신에게 말하고 있었다. "엄청난 실수를 하고 있는 거야."라고. 그로부터 36년 후, 나는 내 이성이 납득하기 힘들었음에 틀림없는 어떤 가능성을 나의 직관이 허락했었다는 사실을 깨달았다.

먼 거리의 달리기를 할 때면, 내 몸이 작동을 멈추어버린 것 같은 느낌이 들 때가 있다. 만약 내가 그런 느낌을 그대로 따랐다면 나는 천천히 걸었을 것이다. 크로스컨트리 달리기(시골의 들판을 가로질러 달리는 운동 - 역자)를 시작할 당시에 내가 만약 이런 식의 반응들을 계속 보였다면 지금 같은 황량한 들판을 탐험하고 오래된 동굴을 찾아 나설 만큼의 체력을 갖고 있지는 못했을 것이다. 나는 전에도 이런 과정을 경험한 적이 있었다. 육체적이나 창조적인, 혹은 영적인 '고원高原'에 도달해서 나를 억압하는 모든 것들로부터 벗어난 때가 있었다. 그 결과 나는 새로운 영역으로 뚫고 들어갈 수 있었다. 거기에는 '저항을 겪었다'라고 말할 수 있는 어떤 것이 있었다. 때로 우리는 습관을 깨부수어야만 하고, 자연스럽지 못하다고 느껴지는 것들도 해야만 할 때가 있다.

내게 있어서 오랜 기간의 결혼생활과 가장 유사했던 경험은, 기숙학교에서 90일 동안 룸메이트를 의무적으로 바꾸어야 했던 일이라고 할 수 있다. 방과 시간표 등 모든 것들이 똑같았다. 낯선 사람과 함께 지내게 되었다는 사실만 제외하고는.

오랜 결혼생활을 하다보면, 이런 일이 상당히 빈번하게 일어난다. 당신은 당신이 맺고 있는 관계가 늘 그래왔듯 완벽하다고 생각하지만, 갑자기 이 사람이, 오랜 시간 살면서 당신이 꿰뚫어보고 있다고 생각했던 그 사람이, 바뀌기 시작한다. 그때 당신은 만약 결혼생활을 계속 유지하고 싶다면 당신 자신이 더 유연해져야만 한다는 사실을 깨닫게 된다. 바뀌어야 하는 것이다. 그런데 여기에 요구되는 성장의 방식은 얼마간 이질적이다. 왜냐하면 당신은 변화를 통해서 좋은 점을 얻을 수 있다는 사실을 알고는 있지만, 당신이 내심 바라는 건 현상이 그대로 유지되는 것이기 때문이다. 결국 당신은 '바뀐 룸메이트'에 대한 사랑을 통해 달라진 자신을 발견하게 된다. 이것은 때로 꽤 어려운 일이지만, 또한 더 큰 만족을 가져다준다. 특히 이기적이고 자기만족적인 성장보다는 훨씬 만족스러운 성장이다.

사랑이라는 마술사는 다른 방향으로 걷고 있는 두 사람을 항상 나란히 서게 만드는 기묘한 트릭을 부린다.

우리가 우리 자신을 포기하는 일은 극히 드물다. 우리는 우리 안에 변화를 일으키는 잠재력이 숨어 있다는 사실을 알기 때문에 끊임없이 희망을 가진다. 우리는 단지 살아남기 위해서가 아니라, 우리의 삶이 살아갈 가치가 있도록 우리 안에 깃든 변화의 잠재력을 일깨우기 위해 다시 시도를 한다. 하지만 우리는 친구들에 대해서는 너무도 쉽고 빠르게 포기해버린다. 특히 자신의 파트너에 대해서. 우리는 그들에게 희망이 없다고 선언해버리고는 가버리거나, 우리 스스로를 나쁜 상황으로 몰고가버리는 일 외엔 아무 것도 하지 않는다. 파트너에게 공격의 언사를 퍼붓는 것만이 '솔직한 open and honest' 것은 아니다. 그러지 않고도 얼마든지 '솔직'해질 수 있다. 그러나 솔직함과 정직이 실현되는 건 드문 일이다. 만약 '우리의 감정을 명예롭게 하는 것'을 목표로 삼는다면, 베개를 두드려 패든가, 바람에다 대놓고 소리를 지르든가, 달리기를 하든가, 혹은 다른 어떤 것에도 해를 끼치지 않고 신체적 긴장을 풀어내는 방법은 얼마든지 가능하며, 여전히 우리는 우리 자신을 존중한다. 우리가 '우리 자신에게 진실하게' 되기 위해서 다른 누구를 상처 입혀야만 한다고 생각하는 건 이상한 논리가 아닐 수 없다.

나는 친구와 함께 있을 때 편안함을 느낀다. 그녀가 나를 사랑하는 이유들 중 많은 것들이 내게는 늘 명료하게 이해되지 않는다. 그녀는 내가 실수하는 것을 보아왔다. 그녀는 나의 꼴사나운 자만심을 알고 있으며, 유별난 습성들을 알고 있다. 나에 대해 알게 되면 아무도 나를 사랑할 수 없을 거라는 생각을 하게 만들었던 그 모든 것들을 그녀는 알고 있다. 이제 나는 그녀가 있어도 전혀 경계하지 않는다. 그녀는 내가 하는 말들을 가려듣기 때문이다. 우리는 오랜 시간을 함께했고, 그녀 안의 자비로움이 나를 응시한다. 그녀가 눈을 감지 않아도.

사랑 안에 오랫동안
머물렀던 두 사람의
고요한 생각들이

서로의 온기를 나누는
둥지 속 새들처럼
부드럽게 닿는다
그들의 웃음소리로
당신은 그들의 생각을 알게 되지만
그들은 서로에게
침묵으로 말한다
떨어져 있다 해도
마음의 동요 없이 그들은
고요히 꿈을 꾼다
따뜻하게 서로를 감싸는
두 사람의 현존現存
그 평온함 속에 앉아

두 사람이 취하는 섹스의 방식이 그들의 관계를 나타내는 풍향계는 아니다. 나는 몸을 상할 정도로 엄청난 섹스를 하는 커플을 알고 있다. 또한 전혀 섹스를 하지 않으면서도 여전히 행복하게 살아가고 있는 커플도 알고 있다.

침대에서 즐기는 그들의 데이트는 서로가 가진 임무일 수도 있다. 그들은 육체를 통해 성취를 이룰 수도 있지만 그 과정에서 그들은 영혼을 낭비할 수도 있다. 만약 함께하는 삶에서 떠난다면 그들은 영혼의 교감을 느낄 수 없게 되는지도 모른다. 그렇다면 그들의 사랑은, 사실, 매 시간 사랑을 십자가에 매달아 죽이려고 시도하는 것에 불과하다.

타인을 배려하지 않는 성관계는 자위에 지나지 않는다. 그런 식의 대접을 받아본 사람은 한낱 성적 기구가 되어버린다는 게 어떤 느낌인지를 알고 있다.

옷을 말끔하게 개놓고 차분하게 '업무'를 보려는 사람은 섹스가 하나의 의무에 불과한 것이 아니라는 사실을 인식하지 못한다. 건강한 섹스는 서로가 주고받는 웃음의 형태를 띠고 있다. 두 사람은 섹스라는 건강한 농담을 주고받는 것이다.

대학에서 중퇴해버린 몇 달 후, 나는 두 과목의 강의를 들은 바 있던 영문과 교수를 만나기 위해 캠퍼스를 다시 찾았다. 내 말이 얼마간 완곡했음에도 불구하고, 나는 그녀가 매력적이라는 사실을 발견한 것과 우리가 잠자리를 함께 하게 된다면 그건 아주 좋은 생각이 될 거라는 사실을 알리는 데는 성공했다. 그녀는 '최후의 강의'를 내게 들려주기 위해 자신의 수첩을 펼쳐보고는 말했다. "다음 주 수요일 세 시 수업이 끝난 뒤가 좋을 것 같은데, 어때요?"

　　에로틱한 힘은 벌거벗은 몸에서만 나오는 것이 아니라 은은
하게 드러날 뿐인 어떤 미묘함으로부터도 나온다 - 시작은 되었
지만 완성되지 않은 행위, 연출된 침묵, 아껴둔 말들, 리듬 위에 쌓
이는 리듬, 깜짝 놀랄 틈입, 부드러움, 그리고 넘쳐흐르는 평화의
파도. 이런 마법을 시행하려면 먼저 자신의 머리를 걷어내야만 한
다. 가끔은, 언어를 매개로 하지 않는 소통이 '신성한 존재'를 경
험하게 만들 수도 있다. 슬쩍 한번 보는 것, 그 친밀한 시선에 담긴
사실적인 행복감은 낯선 사람들 사이에서는 그저 지나쳐버릴 수
밖에 없는 무엇이다. 다른 세계로부터 건너왔지만 서로에게는 익
숙한 그 무언가가 서로의 눈眼 속에 살아 있는 것이다.

우리가 만나는 사람들 하나하나는 잃어버린 한 조각씩의 파편이다. 그것을 맞추어보기 위해 우리는 서로에게 나타난다. 그 사실을 인식하는 순간, 우리는 함께 한다. 그러나 오직 사랑만이 그것을 인식할 수 있다.

●　사랑은 억누를 수 있는 것이 아니다. 또한 판단은 어느 한 곳에 집중되는 것도 아니고, 어떤 한 영역에 고착되는 것도 아니다. 만약 내가 어떤 한 사람을 진정으로 받아들인다면, 그때 나는 모든 사람을 받아들이는 것이 된다. 또한 내가 한 사람을 판단하게 되면, 그것은 곧 모든 사람을 판단하게 되는 것이다.

다른 이로부터 뭔가를 갈구한다는 것은 우리의 행복을 그에게 실현시켜달라고 내맡기는 꼴이다. 타인이란 우리 스스로 우리의 현재를 확장시키기 위해 찾아온 기회다.

　　대부분의 사람들은 사랑하는 사이에는 서로가 서로에게 동의한다고 추정한다. 많은 사람들은, 가령, 그들의 파트너가 자신의 생각에 동의하지 않을 때 두려움을 느끼거나 충격을 받는다. 그때 그들은 파트너의 마음을 바꾸려고 시도함으로서 실수를 반복한다. 하지만 생래적으로 두 사람은 모든 점에서 다르며, 어떤 식으로든 정체성을 동일하게 가져갈 수 없다. 이 사실을 인식하지 못한다면 좋은 커플이 될 수 없다. 우정은 서로의 다름을 보고, 그 다름을 받아들이면서도, 사랑과 행복을 지속시키게 만든다.

●　우리 자신을 의심하는 것은 나쁘지 않거니와 자연스런 일이
다. 의심하지 않는 사람은 쉽사리 그들 자신을 좋지 않은 쪽으로
이끌어간다. 적절히 사용한다면 의심은 나 자신이 비천해지는 걸
막아주고, 균형을 잡아주며, 다른 사람들에 대한 배움을 열어준다.
내가 똑똑하다고 생각하는 것은 지혜로 향한 문을 완전히 닫아버
린다.

만약 우리가 '다름'을 적극적으로 수용하는 사람이라면, 타인을 받아들이는 행위는 훨씬 쉬워진다. 그때 '다르다'는 것은 기본적인 결속에 위협이 되기는커녕 오히려 관계를 친밀하게 만드는 계기가 된다. 이런 방식으로 바라볼 수만 있다면, 다른 사람들의 다름은 흥미로운 즐길 거리가 된다. 그것은 관계의 풍부함을 앗아가는 것이 아니라, 더욱 풍성하게 해준다. 타인은 우리와 전쟁을 치르는 대상이 아니라 함께 안락을 누리는 파트너이며, 영적 변화를 가져다주는 매개자다. 타인의 인간성을 받아들인다는 것은 우정을 발전시키는 출발점이다.

우리가 파괴적으로 생각하고 행동하는 그 뻔뻔스런 모습을
역겨운 눈으로 바라본다고 해서 과연 우리는 덜 파괴적인 인간이
될 수 있을까? 우리가 무력한 인간이라는 사실을 시인하는 데는

두 가지 서로 다른 유형이 있다. 한 사람은 이렇게 말한다. "나는
내 안의 악마들을 이겨낼 힘이 없어." 그는 그렇게 말하고는 내면
의 악마들에게 무릎을 꿇는다. 다른 한 사람은 앞선 사람과 똑같은
진술을 내놓지만, 도움을 요청한다.

우리 마음이 저지른 실수들을 적극적이고 집요하게 탐색하는 것은 결코 우리 마음을 더 부정적으로 만들지 않는다. 왜냐하면 우리가 한 실수들은 우리가 이미 저질러버린 실수들이기 때문이다. 일단 그 실수들을 명확하게 보게 된다면, 우리는 지나간 우리의 어두운 면을 더 밝고 부드러운 면으로 환원해 볼 수 있다. 온전한 정신이 머무는 곳은 그렇게 쉽게 잃어버리지 않는다. 우리가 거기에 어떻게 도달했었는지를 우리는 명확하게 알고 있기 때문이다.

우리 자신의 허튼짓은 허튼짓으로 인식되어야만 한다. 일단 그것을 인식하게 되면 우리는 그것을 잊을 수 있다. 다시는 그것이 우리를 물어뜯는 일은 일어나지 않을 것이다. 그것이 다시 일어나느냐 않느냐는 결국 우리 자신이 선택하는 일이기 때문이다. 이 사실은 우리가 행복을 찾기 위해 뒤돌아 볼 필요가 없음을 의미한다. 그 어떤 삶에도 환한 햇빛은 떨어지게 되어 있다. 이것은 지극히 당연한 일이며, 그래서 무엇이든 극복이 가능한 것이다. 경계태세를 유지한다는 것은 우리가 우리 마음을 걱정의 기록보관소로 집중시키는 것이라고 나는 생각한다. 그것은 마치 '우주'가 심판을 보고 있는 것과 같아서, 계속 점수를 잃는 데도 우리가 신경을 쓰지 않고 있는 것을 지켜보고 있다가 그 잘못을 교정해주는 것이다.

●　내면을 지향하는 사람은 외적인 사람에 비해 불리한 조건에
놓여 있지만, 그 반대일 수도 있다. 우리가 우리 자신을 이해하고
받아들이게 되면, 다른 사람들에게 더 관대해진다. 또한 우리가 다
른 누구로부터 새롭게 평가된다면, 우리 자신에 대한 생각도 그에
따라 새로워진다. 내면을 지향하는 사람이 누릴 수 있는 혜택이다.
예전의 나는 나 자신의 한계를 명확히 보는 것이 나를 더욱 관대
하게 만들어줄 거라는 생각을 감히 하지 못했다.

인간은 너무도 복잡한 존재여서 전체를 한꺼번에 받아들이기도 힘들고, 세세한 것들 모두를 보기도 어려우며, 또한 한 순간에 평가되어질 수도 없다. 설사 그것이 가능하다 해도, 시간이 조금만 지나면 분위기가 달라져버린다. 그럼에도 불구하고 인간은 몇몇 친절한 행동이나 굴욕적인 일을 자신의 눈으로 확인하고 판단하는 그 순간에 기억한다. 그런가 하면 눈에 띄지는 않았지만 자신에게로 들어온 뭔가도 역시 기억 속에 담아둔다. 우리는 누군가를 판단할 때, 그 혹은 그녀를 하나로, 전체로 파악한다. 우리가 만약 한 사람의 다양하고 모순되는 면모들 모두를 받아들인다면, 거기엔 한꺼번에 모두를 얘기할 수 있는 '스토리'도, 한 통속으로 묶어버릴 수 있는 '타입'도 존재하지 않는다는 것을, 그리고 그 사람에 대해 우리가 이미 내려놓았던 판단들이 그저 부족하고 독단적인 것에 지나지 않는다는 사실을 깨닫게 될 것이다.

부정적인 생각과 감정은 '솔직하게' 혹은 '화풀이하듯' 표현해야 한다는 관념은, "꺼져버려."라고 말하면 사라져버릴 거라는 추정으로부터 생겨난 것이다. 하지만 생각이란 결코 그 근원으로부터 떠나지 않으며, 모든 비판은 결국 비판하는 자를 공격하게 되어 있다. 우리가 부정적인 정조를 드러내는 말을 할 때, 그 부정성은 더 깊게 뿌리를 내리고 강력해지며, 다른 사람들을 더욱 자극하게 된다. 그때 문제는 더 깊어져서 우리가 감당할 수 있는 범위를 벗어나버린다.

칭찬이나 비난을 하려고 손가락을 뻗을 때, 그 사람의 성격이 상냥한지 시큰둥한지를 알아보고 싶을 때, 당신에게 요구되는 것은 어떤 식으로든 당신 자신 안에 그런 요소들, 즉 칭찬이나 비난을 받을 요소, 상냥함과 시큰둥함이라는 특질이 존재해야한다는 것이다. 보는 눈이 밝아져서 그런 것들을 훤히 알게 되는 일은 가능하지 않다. 당신이 당신 자신에게 우월감을 갖는 것은 당신의 일부일 뿐이다.

교회나 기업, 혹은 정부의 특질은 그들을 폄하하는 자들에 대해 그들이 어떤 태도를 취하는가를 통해 알 수 있다.

친구들은 결국 서로를 용서하고 서로에게로 되돌아온다. 사람은 자존심보다는 '사람'을 더 필요로 하기 때문이다.

우리들 대부분은 사물을 보지 않고 사물의 형상을 본다. 우리의 관심은 외면적이다. 우리는 사람을 보지 않고 입고 있는 옷이나 몸, 혹은 우리의 행위가 비치는 거울을 본다. 혹은 옹졸함, 쓰라림, 우월, 연약함 따위 우리 자신이 투사된 모습을 본다. 그리고 서서히 우리는 대부분이 동의하지 않는 무엇이 되어간다. 생각은 눈을 지휘하고, 눈은 영혼을 끌고 다닌다.

　　내가 나 자신에 대해 좋아하지 않는 점들 중 하나는 어떤 사람들을 단번에 무시해버리는 나의 '능력'이다. 오늘 밤 나는 다시 그 능력을 발휘했다. "안녕하세요Hello," 라고 하지 않고 "안녕하슈Whassup?"라고 말하는 한 남자를 소개받았을 때, 나는 생각했다. 젠장, 이런 인간이 또 하나 있군. 즉석에서 나는 그를 평가절하해버렸다. 나는 왜 그토록 재빨리 누군가의 가능성을 평가해버리는 것일까? 나는 안다. 내 안에 있는 이 같은 자질이 나를 열등감에 빠뜨리려고 꼼지락거리고 있다는 것을.

　아마도 내게는 만나자마자 꺼려지는 어떤 부류의 사람들이 있는 것 같다. 하지만, 꺼려지는 사람이 있다는 것과 그 사람을 무시해버리는 것 사이에는 차이가 있다. 어떤 부류의 사람들이 꺼려진다는 건 별 생각 없이 반사적으로 생겨나는 편견에 의해 내가 조종되기 때문이고, 어떤 사람을 무시해버린다는 건 그가 나에 대해 어떤 호의도 갖고 있지 않다는 게 명백하게 보여서 그를 내 인생에서 솎아내려 하기 때문이다. 나 역시 누군가의 편견에 의해 께름칙하게 취급받고, 호의에 대한 자의적인 판단에 의해 무시당했을 거라는 생각이 들 때면, 등골이 오싹해진다.

우리 주위엔 누군가를 깔아뭉개는 것이 자신을 높이 올라가게 한다는 환상에 빠진 사람들이 있다. 흥미로운 건 보통의 경우 깔아뭉갬을 당하는 사람들이 이러한 사실을 제대로 자각하지 못한다는 것이다. 오늘밤 네트의 슬라이드 쇼(모임에서 프로젝터를 이용해 슬라이드 필름에 담긴 사진을 화면에 비추는 것 - 역자)에서 일어난 일이 꼭 그랬다. 듀이가 어떤 남자로부터 그런 대접을 받고 있었다. 그 남자는 전에 한 번도 본 적이 없는 사람이었는데, 그 사실을 듀이만 빼고 모두가 알고 있었다. 그런데도 듀이는 온 힘을 다해서 자신을 변명하느라 정신이 없었다.

악의惡意 속에는 놀라운 속도로 번지는 불신이 존재한다. 우리는 우리가 얼마나 쉽게 미움을 당할 수 있는지에 대해 생각하고 싶어 하지 않는다. 다른 누군가를 쉽사리 기분 나쁘게 만들려는 욕망을 천연덕스럽게 가지고 있는 사람은 올바른 이성적 판단에는 관심이 없다. 사람들이 모여 있는 델 가보면, 아무렇지도 않게 호의를 베푸는 사람들이 있는가 하면, 남을 불편하게 하기 위해 엄청나게 노력을 기울이는 사람도 있다. 요즈음에 내가 인지하기 시작한 것은, 단지 이상주의자가 되기 위해 이상적으로 행동할 뿐이라면 우리의 에고(자아)는 더 강렬하게 파괴적이 된다는 사실이다. 이상주의자는 결코 어떤 직업도, 어떤 직책도 아니다. 그것을 직업이나 직책으로 삼는 자는 그 직업이나 직책을 가지지 않은 사람을 무조건 깔아뭉개려드는, 반反이상주의자일 뿐이다.

랭글리와 얘기를 나누고 나면, 나는 그가 만나본 내 친구들에
대해 내가 가지고 있던 생각을 고쳐먹어야 할 위기에 처하게 된다.
그는 여러 해 동안 내가 만나왔던 사람들을 일일이 분석했다. 그의
말을 듣고 있자니 서서히 녹아드는 독약을 흡입하는 것 같았다. 나
는 그가 내리는 평가들이 대부분 정확하다는 것을 알았지만, 결국
그것은 그들의 실패를 확산시키고, 그들을 흉하게 일그러뜨려서
그들에 대해 가지고 있던 좋은 생각을 현저히 줄여버렸다. 나는 그
의 얘기를 듣는 것만으로도 그들을 배신하는 것 같다는 생각이 들
었다. 느낌만은 분명히 그랬다.

나는 랭글리가 좋다. 그는 유머가 넘치는 달변가인데, 아무리 들어도 지루하지가 않다. 하지만 매번 그와 헤어질 때면 나는 어딘지 모르게 나 자신이 싫어진다. 그가 위트 넘치는 사람이라는 사실은 이런 개운치 않은 뒷맛을 그의 탓으로 돌리고 싶지 않게 만든다. 나는 이와는 전혀 다른 방향으로 내게 영향을 미치는 사람을 알고 있다. 그런 사람과 헤어질 때면 나는 하늘을 날아다닌 듯한, 혹은 무척 값나가는 골동품이라도 선사받은 것 같은 기분에 빠진다. 만나는 사람들마다 쓰라림을 안겨주는데도 나는 여전히 그가 최고의 호의를 베풀어주는 거라고 여기는 것은 혹시 지나치게 단순한 생각이 아닐까. 만약 호의를 가진 사람과 함께 있음으로써 내가 힘을 얻게 된다면, 악의를 가진 사람과 함께 있다는 사실이 나를 위축시킬 거라는 것은 당연하다.

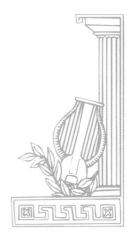

나는 랭글리로부터 무엇을 배울 수 있을까? 아마도 그것은 솔직함일 것이다. 하지만 우리가 그러기를 원하든 원하지 않든 우리의 주된 태도가 다른 사람들에게 영향을 끼칠 거라는 걸 뻔히 알면서도 모든 말과 행동을 통해 그런 태도를 줄기차게 드러낸다면, 그 효과는 실로 엄청날 것이다. 그것이 솔직함이 가져다주는 폐해라는 사실은 가슴 아픈 일이다. 에고(자아)가 들끓고 있다면 뚜껑을 덮어서 사람들에게 튀지 않도록 해야 한다.

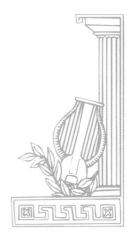

● 내 마음은 다른 모든 사람의 마음과 같다 – 이것은 거의 기괴한 생각으로 받아들여질지 모른다. 나는 여기에 대해 '솔직하게' 말할 수가 없다. 사실, 이런 생각은 너무도 희귀하고 또 부정적으로 받아들여져서, 아무 데서나 이런 말을 하면 혼자 좋아서 주절주절 떠드는 바보 취급을 받기 십상이다. 대신, 방음장치가 되어 있는 나의 내면 속으로 수다를 잠재워버려야만 한다.

당신이 하는 모든 것을 결국은 누구나 다 알게 된다는 생각을 갖고 살라. 그리고 당신이 행동하기 전에 이미 그 효과가 나타날 수 있다는 생각을 가지고 타인을 대하라.

● 오늘날 인간의 등급은 어떻게 매겨질까?

오전 내내 나는 이런 전화를 받았다. "아무개는 어떻습니까?" "저는 왜 초대를 받지 못했죠?" "그녀가 뭐라고 하던가요?" "제 생각으로는, 그녀의 가장 소중한 친구가 저인 것 같습니다." 무척 애를 썼지만 결국 나는 참을성을 상실해버렸다. 그것은 모욕적인 시간의 낭비였다. 우정은 잽싸게 움직인다고 얻어지는 게 아니다. 당신이 기획하고, 땀을 흘리고, 작전을 짜낸 결과 당신은 모든 사람들로부터 가장 좋은 친구라는 소리를 듣게 되었다. 그래서, 당신은 그들과 함께 시간을 보내는 게 더 즐거워졌는가?

나쁜 일이 꼭 나쁜 일만은 아니라는 상대성은, 대부분의 인간 관계에서 공통적으로 드러나는 면모라고 할 수 있다. 약속이 취소되었거나 초대가 거절된 경우가 그런 예일 것 같다. 가령, 계획이 변경된 것이 누군가에게는 적절하지 못했다 하더라도 다른 누군가에게는 오히려 최선의 결과를 만들어낼 수도 있다. 왜 그런지 이유를 대기는 힘들지만, 계획이 변경되었을 경우 내가 주로 취하는 태도는 그 뒤에 어떤 일이 있을지를 기다려보지도 않는다는 것이다. 그건 명백한 나의 실수다.

우리는 저녁을 먹고 있었다. 나는 진에게, 방금 들어온 존이 친구냐고 물었다. 그는 그렇다고 대답했다. "그 사람하고 얘기하려던 거 아니었어?" 내 물음에 그는 "아니," 하고 말했다. "난 사람들이 있는 데서는 누구와도 이야기하질 않아. 피차간에 잘 알지 못하면서 그저 머릿속에서 그럴듯하게 상상한 서로의 생활을 눈치 빠르게 묻는 것뿐이니까. 그래서 듣는 거라곤 일기예보 밖에 더 있어? 그런 식의 대화는 나를 녹초로 만들어버리지. 난 사교술에는 젬병이잖아. 걱정 마, 내가 눈이 나쁘다는 건 사람들이 다 아니까."

우리가 만약 서로 다른 주제의 문제가 생길 때마다 우리의 에고가 거기에 맞추어 완벽하게 분리될 거라는 얼토당토 않는 생각을 갖고 있다면, 우리가 노력을 기울인다는 것은 무의미하다. 그때 우리의 마음은 시니시즘(냉소주의) 속으로 깊이 빠져들어 가버릴 것이다.

희망이 머물러 있어야 하는 자리는 더 나은 세계가 아니라, 진실한 가슴과 부드럽게 앞날을 내다볼 수 있는 그곳이다.

결정을 내리기에 앞서 나는 지나치게 자주 그 결정에 대해 걱정을 한다. 그것은 결정을 내려야 할 때, 현재의 나 자신의 상황과 나 자신의 감정 모두를 내가 잘 알고 있는 건 분명하지만, 최선의 선택을 하는 데 절대적으로 필요한 정보가 결정을 내릴 순간까지 생각나지가 않기 때문이다. 흥미로우면서도 난감한 사실은, 이런 현상이 끊임없이 되풀이 되어 일어나고 있다는 것이다.

정직함은 유연함일 수도 있다 - 이것은 대중에게 인기 높은 거침없는 태도, 무엇이든 다 집어삼키겠다는 배짱, 어떤 잘못도 모두 괄호를 쳐버리겠다는 무지막지한 오지랖에 흔히 결여되어 있는 무엇을 질타하는 말이다. 열거한 이런 태도들은 유머라고는 모르는 가식이며, 거만함의 표상이며, 반박해봐야 피곤함만 돌아오는 전형적인 태도다. 나는 정직을 존중하고 싶다. 내가 만약 누군가로부터 의미 없는 고통을 덜어주기 위해 거짓말을 해야 한다면, 나는 당연히 의심의 여지가 없을 정도로 완벽한 거짓말을 할 것이다. 그건 내 책임에 속하는 일이다. 정직과 고지식함은 다르다.

만약 우리가 우리에 대해 언급했던 모든 말들을 알고 있었다면, 그리고 그 모든 말을 액면 그대로 받아들였다면, 우리는 그 누구와도 친구로 남아 있지는 않을 것이다. 제3자에 대해 비판을 할 때, 흔히 우리는 확신할 수 없는 말을 하곤 한다. 그렇게 하는 것은 상대방에게 자신의 얘기가 어떤 영향을 끼치는지 확인해보고 싶어서인데, 그래서 동지에게 비밀을 털어놓는 듯한 방식을 취하는 것이다.

가십(험담)은 아주 보편적인 인간의 언어다. 흔한 농담일 수도 있다. 가혹한 응징만 포함되어 있지 않다면.

●

자신이 무슨 말을 하고 있는지 완전히 알고 있는 사람은 아무도 없다는 사실이 내게 점점 명확해지고 있다. 대화를 하는 중에는 대강이나마 말하려는 것을 간추려보는 따위의 호사를 누릴 수가 없다. 말하고 있는 사람을 자세히 살펴보라. 그들의 입이 열릴 때마다, 그것은 하나의 실험이고 게임이고, 종종 작은 재난이 된다. 친구들은 그런 걸 가지고 시비를 걸지는 않는다. 사실, 각각의 생각에 필요한 단어를 고르도록 시간을 무제한으로 준다 해도, 하나의 문장에 완벽하게 들어맞는 명백하고 단순한 사실이나 느낌은 존재하지 않는다.

당신에게 사랑할 용기가 있는가

●　　나를 괴롭히는 것은 과거의 내가 얼마나 시달림을 받았는가라는 사실이 아니라, 그 사실을 간직하고 있다는 데서 오는 공포다.

　　고통을 간직하고 있다는 것은 때로 이미 오래전에 치유된 상처를 그저 간직하고 있는 데 불과하다. 그 누구도 자신의 죄를 증명하기 위해 살아가지는 않는다.

　　나는 책임지기를 거부하기 때문에 상처를 입는다. 고통은 나를 고통스럽게 하는 것이 무엇인지를 알고자 하는 나의 저항감을 눌러 앉힌다. 그러나 만약 내가 가진 고통이 진정 겪어야 할 고통이라면, 그리고 나 자신이 그것을 명확하게 인식한다면, 내가 희생양이 되어야 하는 건 당연한 일이다. 내가 짊어지는 것 외에는 그 고통을 사라지게 할 수 있는 방법은 없다. 고통은 나를 움켜쥔 채 놓아주지 않는다. 시인할 준비가 되어 있을 때까지.

고통을 관념적으로 받아들여서는 안 된다. 그렇게 해버리면 그것은 고통이 아니며, 고통으로부터 눈을 감아버리는 것이다. 인간적이 되면 될수록, 고통을 당할 가능성이 커진다. 인간적이라는 건 섬약하고, 쉽게 상처받을 수 있다는 것을 의미한다. 시달림을 많이 받으면 단단해지는 것이 아니라 오래된 가죽옷처럼 더 부드러워지고, 그래서 착용하기가 더 편해진다. 내가 영적으로 성장할 수 있는 건 욕구와 열의를 통해 고무되어서이기도 하지만, 그보다는 완고한 현실에 의해 내 자존심이 꺾였기 때문이다. 내가 범하기 쉬운 오류들을 다시 한 번 인식했을 때, 나는 겸허히 배우려는 성향을 갖게 되는 것이다.

어떤 일들이 일어나게 내버려두는 때가 있는가 하면, 어떤 일들이 일어나도록 해야 하는 때가 있다.

누구도 영원히 안락을 누릴 수 있는 건 아니다. 인생은 풀리지 않는 문제다. 동면에 든 거대한 동물처럼 배를 뒤틀고, 다시 한 번 밖으로 기어 나와야만 한다. 움직이지 않았다가는, 죽는다.

당신에게 사랑할 용기가 있는가

나는 시간이 어디로 흘러가는지 알 수가 없다. 내가 할 수 있는 최선의 행동은 무슨 일이 일어나는지를 집중해서 관찰하고, 방향이 어긋나는지를 살피고, 내가 할 수 있는 일이 무언지를 알아내는 것이다. 그것은 마치 어둠 속에서 벽을 더듬어 길을 찾아가는 것과 같다. 벽에다 대고 불평을 늘어놓아봐야 내게 덕될 건 아무것도 없다. 어쩌면 벽이 거기에 세워져 있는 것은 나를 보호하기 위해서인지도 모른다.

　● 　성숙에 이르는 한 가지 요소는 무슨 일이든 대충 넘기려하지 않는 태도를 실현하는 것이다. 어떤 이득이 생기고 편리를 보게 되는 것은, 뭉그적거리거나 성의를 다하지 않는 행동은, 아무리 교묘하게 얼버무리고 지나갔다 하더라도 반드시 대가를 지불하게 되어 있다. 그런 대가의 지불은 극적으로 이루어지는 게 아니다. 거의 눈에 띄지 않게 이루어진다. 하지만 우리가 취했던 태도들이 그럴 가치가 없었다는 사실을 배울 수 있기에는 충분하다.

　영적으로 성장한다는 것은 칙칙한 과업이다. 우리는 가슴에서 우러나오는 향기로부터 배우기도 하지만, 에고(자아)가 지불한 대가라는 악취로부터도 배운다.

만약 모든 문제를 풀어내야만 하며, 운 좋게 면제되는 일도 없고 죽음이 나를 해방시켜주는 유일한 필요조건이 아니라는 게 사실이라면, 나는 꼭 처리해야만 한다는 걸 알고 있는 일들을 뭉그적거리며 미루는 따위의 짓은 당장 그만두고 싶어질 것이다.

우리는 감정의 무게를 양쪽 끝에 공포와 분노가 하나씩 매달린 천칭으로 재거나, 감정의 크기를 희망과 친절이라는 세속적인 자로 측정한다. 이것은, 물론, 눈으로 볼 수 있는 것이 아니라 마음으로 느낄 수 있을 뿐이다.

우리는 태어나면서 인생 속으로 들어간다. 인생은 우리를 기다리고 있다. 우리는 인생을 선택하는 것이 아니라, 그냥 그 속으로 걸어 들어간다. 부모, 맏이에서 막내까지 중의 어느 한 역할, 국가의 어느 지역, 세계의 어느 한 곳, 우리가 가진 모습, 우리의 뇌가 지닌 효율성 속으로. 그러다가 우리에게도 선택권이 있다는 사실을 자각하게 될 때가 온다. 그때 우리는 우리 자신의 인생을 건설하는 과업을 시작한다. 완성하는 데 걸리는 시간을 따져보면 그것은 불가능한 과업이다. 하지만 그건 중요하지 않다. 중요한 건 시작한다는 사실이다.

● 러스티가 옆 테이블에서 주문을 받고 있던 웨이트리스를 손가락으로 가리킨 30년 전의 어느 날로 돌아가 보자. 그는 4년 전에 그녀가 재혼을 했고, 14살 된 딸이 있으며, 학교에서 난독증에 대한 상담가로 활동하고 있다고 전해주었다. 어느 해 여름이었다고 했다. 그녀와 그녀의 남편은 텍사스 남부 아란사스의 바에서 술을 한 잔 하고 있었다. 그녀의 남편이 화장실로 간 사이, 바의 한쪽 끝에 앉아 있던 어떤 남자가 그녀에게 다가왔다. "이봐요, 나하고 멕시코로 갈 생각 없어요?" 그녀는 지체하지 않고 남자와 밖으로 걸어 나갔다. 그녀는 그 남자와 과테말라에서 3년을 지냈다고 했다. 이 이야기보다 더 기괴한 것은 우리의 테이블에서 일어난 반응이었다. 우리 모두는 마치 그녀가 영웅이라도 된 듯한 시선으로 그녀를 쳐다보았던 것이다. 부모가 돌아오기를 기다리는 어린아이와 졸지에 혼자가 되어버린 천생배필의 고통 따위는 안중에도 없었던 어떤 사람이, 바로 그 순간, 영혼이 쑥 빠져나가버린 무생물처럼 느껴졌다.

집안을 말끔히 치워야 할 때가 있다. 아니, 한 걸음 더 나아가서, 당신의 자아를 안에다 둔 채로 집을 불태워버려야 할 때가 있다. 그때 당신은 불이 타오르는 집으로부터 떠날 것이고, 지금껏 당신이 가졌던 모든 정체는 불길과 함께 사라질 것이다.

자, 떠나는 당신은 이것저것을 고려한다. 헤어지게 될 부모에 대한 감회, 떠나기를 포기하고 머물게 될 때 일어날 수 있는 일들, 더 나은 삶에 대한 희망……. 끝이 없다. 그러나 당신이 남겨놓은 것은 그다지 많지 않다. 당신이 사랑했었고, 소중히 가꾸어왔었던 것들에 불과하다. 그리고 당신이 가진 거라곤 행동을 취할 수 있는 힘, '가장 소중하게 생각했던 것들'로부터 돌아섬으로써, 그리고 관계라는 진창을 벗어남으로써 모든 걸 끝장내버리는 힘이 전부다.

나는 내 영혼을 희생시키면서 누군가를 도울 수 있으리라고 생각하지 않는다. 내가 파괴되기 시작한다면, 그건 당신을 돕고 있지 않는 거라고 자신 있게 말할 수 있다.

뭔가 의문을 가질 수 있는 것에 대해 내가 믿는 바를 세심하게 써내는 건 얼마간 타당하다. 뭔가 나 자신이 깨버릴 수도 있는 삶의 패턴을 세심하게 설정해놓는 것 역시 어느 정도 타당한 이유가 있다.

어떤 것을 잘 한다고 해서 꼭 그것을 해야만 하는 것은 아니다.

나는 귀신에 홀린 몇 개의 이야기가 담긴 책을 막 읽었는데, 한 가지 사실이 내 마음에 파문을 일으킨다. 그것은 예전의 인격이 사라지고 새로운 인격이 예전의 몸에 입혀지는 일이다. 만약 오늘 새로운 주인이 휴Hugh라는 이름을 가진 이 사람 속으로 들어왔다면, 나는 값나가는 금속판을 하나 구해다가 "새로운 경영자가 맡게 되었음," 이라고 쓰고는 목에 걸어놓을 것이다.

이제 나는 아무 것도 가지고 있지 않아서 잃어버릴 일도 없고, 신 밖에는 알지 못하는 어떤 이유로 유지할 수밖에 없었던 못 말리는 오만방자함도 없고, 고정된 패션이나 식습관도 없고, 갈무리해둬야 할 처세술 같은 것도 없을 것이다. 지켜야 할 자존심이 없어졌으므로 오랜 원수를 용서할 수 있을 것이고, 예전의 관계를 회복할 수 있을 것이다. 나는 내 몸에 들러붙어 있던 타성을 떨쳐 버리고 새롭게 노력을 경주할 수 있을 것이며, 무엇이든 공부할 수 있을 것이고, 어디로든 갈 수 있으리라. 이때 세계는 나의 운동장이 될 것이며, 나는 새로운 친구들을 사귀는 어린아이처럼 더없이 자유로울 것이다.

당신에게 사랑할 용기가 있는가

　　내게 익숙한 세계가 아닌 현실의 다른 쪽으로부터 소리 없이 스며들어오는 뭔가를 감지해내지 못할 때, 나의 세계는 완고하고 생기가 없다. 그건 내가 하는 행동들이 균형을 잃고 있다는 것을 의미한다. 몇 주 전, 나는 의도적으로 그 다른 쪽에 접근하는 방법들을 살펴보기로 했다. 드디어 나는 실험을 시작했고, 그 방법은 예지豫知의 능력을 시험하는 것이었다. 어떤 날을 고르든 예지를 시험해볼 기회는 얼마든지 있었다. 누군가 오기로 되어 있다면, 그 혹은 그녀의 도착 시간을 예측하고, 전화벨이 울리면, 전화를 건 사람이 누구인지를 맞혀보고, 만약 내가 전화를 건다면, 그 사람이 거기에 있을 것인지를 예상해보는 것이었다. 나의 예지에 대한 실험은 하나의, 가령 〈어떤 팀이 이길까?〉 같은 질문을 단지 던지는 것으로 시작했다. 그런데 시험의 결과들은 내가 예상한 것보다 나을 게 없었다. 그 다음으로 시도해본 것은 미래에 일어날 일들을 예측하는 것이었다. 그 방식은 막 떠난 사람이 무얼 입고 있었는지, 무슨 장식을 하고 있었는지를 기억하는 것과 같은 것이었다. 즉, 무얼 입고 올 것인지, 무슨 장식을 하고 있을 것인지를 알아맞히는 방식이었다. 그 결과 숫자를 (가령, 점수 같은 것을) 알아맞히는 확률이 제일 떨어졌다. 하지만 사람과 관계된 것에는 좋은 결과를 얻을 수 있었다. 예를 들어, 두 사람이 시합을 벌인다고 했을 때 시합이 끝난 뒤에 그들이 갖게 되는 감정적인 상태를 상상하며 누가 이겼는지를 예측하는 것에는 성공의 확률이 높았던 것이다. 전화를 걸기 전에 누군가가 집에 있을 것인지 아닌지를 알아맞히려고 할 때, 나는 그 집을 마음속으로 그려보고 각각의 방을 지나가 보았다. 그러면 그 집이 비어 있는지 아닌지에 대한 확연한 인상을 얻곤 했다. 추상적인 질문에 대답하는 것보다는 사람들의 구체적인 상황을 감지하는 것에서 더 나은 결과를 얻는다는 건 그다지 놀라운 일이 아니다. 내가 강렬하게 경험하게 될 (그래서 명확하게 인상에 남게 될) 미래의 양상은, 숫자가 나타내는 정확성과는 다른, 뭔가 인간적이고 복합적인 무엇이기 때문이다.

조 오스몬드는 한때 두 달 동안이나 코마(혼수상태)에 빠져 있었다. 거기서 깨어난 뒤에도 그는 꽤 오랜 날을 병원에서 지냈고, 드디어 일상의 세계로 복귀할 수 있었다. "아무 것도 변한 게 없어요," 그는 그렇게 말했다. 우리는 우리의 삶에 속한 세세한 것들 하나하나가 모두 중요하다고 생각한다. 하지만 그 대부분은 할 필요가 없는, 아무런 가치도 없는 것들이다. 이 사실은 위기에 직면했을 때, 혹은 심지어 스트레스가 증가하고 있을 때, 오히려 더 많은 것을 하려고 드는, 특히나 지금 당장 할 필요가 없는 것들을 하려고 드는 인간의 비뚤어진 속성을 나타낸다.

오늘 오후, 나는 내가 경험한 예지의 능력에 대해 두 명의 친척에게 얘기해주고 있었다. 그런데 그들은 듣고 싶어 하지 않았다. 그들은 초심리학(parapsychology : 일반 심리학으로 설명할 수 없는 정신 영역을 다루는 학문 - 역자)은 악마의 작품이라고 단언해버렸다. 전에도 마주친 적이 있는 태도였다. 이런 식의 태도는 늘 비슷한 종교적 신념을 가진 사람들로부터 보인다. 그들이 인용하는 성경의 구절도 비슷한데, 그건 자각을 통해 스스로 결론을 내리는 게 아니라 누군가가 내려놓은 결론을 자신의 결론으로 가지려 할 뿐이라는 사실을 시사한다. 우리들 대부분은 왜 우리 자신의 태도를 누군가로부터 받아들여야 한다고 생각하는 것일까? 이러한 생각은 마치 우리가 우리 자신의 마음을 가지려 하지 않는 것과 같다.

　게일과 내가 처음 이곳으로 이사를 왔을 때, 우리는 '잣나무 어치'라는 녀석이 아주 기분 나쁜 새라는 얘기를 여러 사람으로부터 들었다. 나 역시 은연중에 녀석들을 그런 식으로 보고 있었는데, 여름이 다 갈 무렵 나는 그 새들로부터 참 명랑하고 엉뚱한 면모를 발견했다. 흥미로운 것은, 새로운 면모를 발견하기 전의 '잣나무 어치'는 다른 사람들과 마찬가지로 내게도 기분 나쁜 새였다는 사실이다. 다수의 의견은 그것이 부정적일 때 더 확고해지는 듯하다. 이 현상은 우리가 어린아이였을 때 귀에 못이 박히도록 들었던 "넌 어려서 몰라, 네 생각은 틀려."라는 소리 때문에 생겨난 것인지도 모른다. 이 소리가 우리로 하여금 우리가 내리는 판단에 불신감을 갖게 했을 거라는 건 자명한 일이다. 공동체의 정서가 올바르게 존재하지 않는 한, 어른이 된 내게는 공동체의 정서란 것 자체가 결코 즐겁지 않다.

주방에서 목공일을 하는 중이었다. 오늘은 처음으로 서랍들을 만들어서 끼웠다. 새로운 과정들을 거칠 때마다 나는 도중에 혼잣말로 중얼거렸다. "생각한 만큼 쉬운 일이 아니야." 비록 그게 솔직한 내 심정이기는 했지만, 사태를 바라보는 나의 습관적인 사고방식이 마음에 들지 않았다. 그래서 나는 위선자가 되기로 결심하고 이렇게 되뇌었다. "생각하는 것보다 늘 쉽단 말이야." 그렇게 하자마자 일이 그다지 어렵지가 않았다. 마치 누군가가 내게 서랍 만드는 기막힌 비법을 전수해준 것 같았다.

"만약 내가 습관적으로 자기기만적인 긍정적 사고를 하는 사람이라 해도 똑같은 결과가 일어났을까?" 트릭이 지속적으로 효과를 내는지, 그리고 모든 일에 효과를 발휘하는지는 의문이다. 하지만 지금 당장 닥친 일을 처리하는 데 효과를 나타낸다는 건 확실하다.

저녁 식사 후에 올리버가 잠깐 들렀는데, 내 맞은편 긴 의자에 앉아 있던 메이어 씨와 나란히 자리를 했다. 그들은 서로 인사를 나누었다. 다음 순간, 나는 어떤 사람 둘이 함께하게 될 때 두 사람에게 똑같이 일어나는 기적을 목격했다. 그런 식의 기적은 내게도 또한 일어난 적이 있는데, 나는 종종 그 기적을 일으켜보려고 애쓰곤 했다. 특히 막 인사를 나눈 사람과 얘기를 나누려할 때가 그런 순간이다. 하지만 저절로 일어날 때의 그 현상은 가히 초자연적이다. 사랑을 느끼는 순간처럼, 우리들 각자가 상대방의 마음속으로 완전히 녹아들어 가는 것이다. 그때 우리는 자신이 하는 말에 우선 놀라게 된다. 조금 전 만해도 자신에게 그런 게 있는지 전혀 알지 못했던, 내면에서 우러나오는 말들을 하는 것이다. 우리는 놀라움 속에서 중얼거린다. "이런 말들이 평소에도 내 안에 존재하고 있었다면, 이 말들을 끄집어내준 건 바로 이 사람이란 말인가?" 사실 그것은 조금 전까지 존재하지 않았던 새로운 마음을 두 사람이 함께 만들어낸 것이다.

당신에게 사랑할 용기가 있는가

책으로는 많이 나와 있지만 경험하기는 지극히 드문, 어떤 '다른 현실'이 여기에 존재한다. 그 현실로부터 완전히 자유로울 수 없음에도 불구하고, 어쩐 일인지 우리는 거의 부닥치지 않는다. 하지만 이건 착각이다. 되돌아보면 우리는 그 현실과 너무도 가까이 밀착되어 있었다는 사실을 알게 된다. 다만 너무도 단순하게 보아버려서 그 정체를 인식하지 못했을 뿐이다. 그 '다른 현실'은 인간의 속성을 변화시키고, 세계를 개혁하려는 계획을 세워놓고 우리를 기다리고 있었다. 하지만 우리는 우리에게 익숙한 현실을 사용하려 할 뿐이다. 그것은 시체를 관 속에다 넣는 것에 불과하다.

그 자체로 전체이며 하나인 진리는, 개개인의 개별적 자각에 적용될 수 없으며, 희귀하고, 낱낱이 흩어져 있는 동시에 뒤엉켜 있다. 진리를 말해도 지성적인 인간들은 그것을 일축해버린다. 그러고는 자신들의 삶에 내재한 사소하지만 일관성을 지닌 증거들조차 바라보려 하지 않는다. 그들은 1차원만 존재한다는 듯, 모든 것이 자신들이 디디고 있는 땅에서만 자라는 것처럼, 죽음도 찾아오지 않는다는 듯, 꿈도 꾸지 않고, 한밤중에 땀에 젖은 채로 깨지도 않는 듯, 전화벨 소리가 울려도 들리지 않는 듯, 사랑하는 사람과 함께 있음으로서 자신들의 병이 낫는다는 사실도 의식하지 못한 채, 아

이가 불러도 듣지 못한 채, 세상을 떠난 친구들이 멀쩡히 걸어다니는 것도 보지 못한 채, 그저 누군가와 주절주절 얘기를 나누고 있을 뿐이다.

당신에게 사랑할 용기가 있는가

한때는 그 이면까지 속속들이 꿰뚫고 있었지만 지금은 망각 속으로 가버린, 오래 전에 알고 있었던 뭔가가 여전히 진행되고 있다는 사실을 문득 자각할 때가 있다. 간혹 꿈에서 깨어날 때 그게 무언지 기억날 것 같기도 하고, 밀려오는 파도에서 그 소리를 들은 것 같기도 하고, 무수히 반짝이는 별들 속에서 그것을 본 것 같이 느껴지는 그런 때가 있다. 심지어 달리던 자동차가 미끄러져 길밖으로 떨어져나가는 순간, 모든 소리가 사라지고 정적이 밀려들 때도 그런 느낌을 받는다. 지금껏 살아오면서 그런 식의 낯익은 인식 속으로, 이름 모를 공포의 저편으로, 나는 자꾸만 돌아가곤 했다. 이 모든 것을 너무 심각하게 받아들이지 말자고 희미하게 되뇌면서. 그리고 저 아래로 빠져나가고 있는 것이 내가 아니라고 애써 확신하면서.

　낮과 밤의 서로 다른 속성은 빛만으로는 설명할 수 없다. 어떤 것은 밤에만 움직인다. 형체를 가지지 않은 존재. 귀신도 있지만, 뮤즈들(고대 그리스신화에서 시와 음악 같은 예술을 관장하는 아홉 여신 - 역자) 역시 밤의 존재들이다. 어쩌면 별들은 우리에게 천사와 가장 유사한 형태로 남아 있는 존재일지 모른다. 해가 질 무렵, 새들은 우리들 집 주변의 커다란 미루나무로 모여든다. 그들은 재잘거리고, 이 가지에서 저 가지로 폴짝거리며 뛰어다니고, 천천히 깃을 접고, 마침내 조용해진다. 아침이 되어도 그들은 갑작스럽게 부산을 떨지는 않는다. 먼저 그들은 노래를 부르면서 영혼을 일깨운다. 그 아침, 영적 존재인 우리는 어떤 모습인가. 여전히 졸음 속에 머리를 박은 채로, 자신이 누구인지조차 깨닫지 못한다. 잠이 진짜 삶이 아니라는 사실을 자각하지 못하다가 서서히 자각하기 시작하고 마침내 그런 자각에 이르는 일련의 과정은, 우리를 무의식적으로 명상 상태로 이끌어주는, 혹은 원기를 회복하게 해주는 기이한 시간이다. 이것은 어떤 이의 전기傳記에도 기록되어 있지 않고, 어떤 이력서에도 기재되지 않는다. 이 시간 속에서 행해지는 우리들의 어떤 행위도, 성공이나 실패라고 말하지 않는다.

당신에게 사랑할 용기가 있는가

오늘 아침에도 그 일은 다시 일어났다. 나는 잠에서 깨었고, 잠깐 동안 내가 누구인지, 어디에 있는지 알지 못했다. 그런 것들은 잠을 자는 동안 완전히 걸러지거나 분리되어버린 게 분명했다. 나의 이름, 내가 사는 곳, 내 나이, 그리고 성별性別이 명료하지 않았다. 세상에 드러나 있는 나의 정체성이 내 마음 속에 재입력되어야만 했다. 나는 나의 자아를 다운로드 해야만 했다. 나는 '넌 누구냐?'와 '뭘 하는 사람이냐?'라는 질문에 대한, 외견상의 필수적인 답들을 골라내고 있었다. 나는 내가 무얼 하고 있었는지, 혹은 무얼 하려고 했었는지를 알지 못했다. 또한 내가 어떤 존재로 살아가야 하는지, 어떤 존재로 살아가고 있는지에 대한 감각도 명료하게 지속시키지 못했다. 그러나 내가 패닉(공황상태)에 빠진 것은 아니었다. 그렇다고 새로 태어난 거라는 느낌도 들지 않았다. 여전히 나 자신과 유사한 나였다. 한동안은 실체가 사라져버리고, 생생하고 평화로운 인식만이 존재했다. 그것만이 내가 가진 모든 것이고, 내가 원하는 모든 것이었다. 몇 초의 시간이 흐르는 동안 나는 매번 화가 났고, 공포를 느꼈다. 그때마다 나는 이런 생각이 들었다. "이 방은 분명히 알고 있는데, 내 이름은 모르겠어." 잠에서 깨어난 뒤 맨 처음 떠오른 느낌이 죽음이나 슬픔, 혹은 기쁨이었을 때가 많았다. 그러고는 왜 내가 그런 느낌을 받게 되는지를 설명해주는 기억이 이어졌다. 전날 할아버지가 돌아가셨다거나, 출판사로부터 내 책을 출간하겠다는 연락을 받았다거나, 하는. 과거의 내용들이 내 마음으로 들어서는 데는 분명한 차례가 있다. 무의식적인 생각이 먼저 들어오고, 다음은 거기에 대한 느낌이 들어오며, 마지막으로 나의 '현실적 상황'이 들어온다. 더욱 매력적인 것은 느낌이 살아나는 과정이다. 먼저 내가 사는 곳이 떠오르고, 그 다음에 정체성이 살아난다. 나는 여기에 있고, 그러므로 내가 휴Hugh라는 것이다.

하룻밤의 꿈속에서 마음은 일생을 오르내리고, 다른 이의 마음속을 들락거리고, 미래와 과거의 경계를 넘나든다. 나는 눈을 감은 채로 누군가의 목소리를 듣지만, 다른 뭔가의 한 가운데로 들어가고 있다. 대화는 여전히 진행 중이다. 그들은 내가 등장해도 상관하지 않는다. 나는 등장인물들 중 하나에 불과하다. 나는 몇 개의 대화를 수행하지만, 그 사실을 알지 못한다. 꿈에서 깬다는 것은, '통제' 속으로 돌아오는 것이다.

산타페를 떠난 둘째 날, 나는 모텔에서 잠을 깼다. 하지만 내가 꾸고 있던 꿈은 멈추지 않았다. 비록 완전히 잠에서 깼지만, 7초 내지 8초 동안 그것은 전혀 흐릿해지지 않고 생생하게 진행되었다. 내 마음이 깨어나지 않고 여전히 꿈을 꾸고 있었다는 것은 현실의 세계와 따로 존재하는 꿈의 세계가 여전히 펼쳐지고 있거나, 혹은 꿈을 꾸려는 마음이 계속 유지되고 있다는 것을 말한다. 과연 그럴까? 현실의 세계와 꿈의 세계는 별개의 것일까? 우리의 마음은 현실에서의 마음과 꿈에서의 마음으로 분리되는 것일까? 명백한 것은 꿈이란 것이 잠을 통해 이루어지기는 하지만, 잠에 의해 만들어지는 것이 아니라는 사실이다. 잠을 잔다고 무조건 꿈을 꾸는 것도 아니고, 서로 다른 수많은 꿈들을 잠이 만들어낼 수는 없는 일이다. 꿈은 내가 알지 못하는 마음의 작용이다. 그것은 마치 우화 속의 이야기처럼, 그것을 통해 나와 다른 많은 사람들의 관계를 이해하게 되는 것과 같다. 만약 꿈이 작동되는 원리를 알기만 한다면, 나는 작은 협곡 뒤편에 남겨진 발자국을 보듯 명료하게 새로운 꿈 이야기를 써내려갈 수 있을 것이다.

잠에서 깨어났을 때, 나는 여러 시간 뭔가와 사투를 벌였다는 사실을 알게 되었다. 끔찍한 싸움이다. 나는 녹초가 된다. 이겼다 - 여기 살아 있으므로, 그 사실을 안다. 하지만 이 끈질긴 싸움이 또다시 시작될 거라는 사실도 안다. 내 꿈은, 밤 동안 겪는 전투는, 내게 분명히 일러준다. 내가 좋은 사람이 되기를 원한다는 사실을. 나는 노력하고 있다. 신은 내가 노력하고 있다는 사실을, 위선이라는 이 끈적거리는 점액질을 깨끗이 씻으려고 노력한다는 사실을, 알고 있다.

내가 내 꿈을 주시하고 있는 것이, 혹시, 바로 옆에 구멍이 뚫려 가라앉고 있는데도 배 위에 선 채로 지금 당장 내가 무엇을 해야 하는지 알기 위해 깨어 있으려 하는 것은 아닌지, 두렵다.

마음이 돈과 소유물에 사로잡혀 있을 때 그 마음은 치유불능의 병에 걸린 것이다. 내가 소유한 집, 옷, 자동차, 그리고 내가 벌어들이는 수입을 내 친구들의 그것과 비교하기 시작할 때마다 나는 내 인격이 기형적으로 일그러지는 느낌을 받는다. 나보다 '더 나은' 누군가는, 그리고 나보다 '더 낫지 못한' 누군가는 언제든 있기 마련이다. 또한 그 외에도 인생의 의미와 관련되어 있는 것은 수없이 많다. 우리가 적게 가졌든 많이 가졌든, 그게 어쨌다는 말인가. 중요한 것은 우리의 존재를 지워버릴 수도 있는 돈과 소유물에 대해 우리가 어떻게 생각하느냐는 사실이다. 너무 적게 가지고 있다는 것은 비극일 수 있다. 그것은 죽음을 초래할 수도 있다. 하지만, 이상하게 들리겠지만, 너무 많이 가지고 있다는 것은 그렇게 가지고 있는 사람들로 하여금 절대 죽지 말아야겠다는 생각이 뇌리에서 떠나지 않도록 만들 수도 있다. 확실히 그것은 죽음보다 더 큰 비극이다.

　나는 이기심을 만들어내는 내 능력을 끊임없이 인정하려들지 않는다. 나는 나 자신이 관대하다고, 특히나 내 친구들에 대해서 더 그렇다고 생각하기를 좋아한다. 하지만 나는 누군가에게 막 주려고 하던 오래된 물건이 쓸 데가 있다는 것을 갑자기 발견하기도 하고, 내가 자청해서 호의를 베풀다가 갑자기 그 시간을 아깝게 생각하기도 한다. 나는 나 자신이 두려움에 떠는 걸 원치 않는다. 나는 움켜쥔 손을 펴고, 준다는 것이 가져다주는 아주 단순한 즐거움을 만끽하고 싶다.

나는 일생동안 쌓아온 습성들을 던져버릴 수가 없다. 그렇게 하려는 것은 내가 디디고 있는 토대를 잃어버리는 꼴이다. 그것은 보는 방식의 문제다. 마라톤 경기에서 2등으로 달리는 사람은 대개는 자신의 어깨너머로 돌아보는 사람이다. 내가 나의 미성숙함과 티격태격하고 있는 한, 나는 나 자신을 성장하도록 허락하지 않는다. 새로운 발자국을 내디딜 수 있을 때, 나는 왜 길 위에 찍힌 오래된 발자국을 쓸어버리는 데 매달려 있는 것인가? 내가 오랫동안 드리워져 있던 어둠을 선택한다면, 모든 것은 여전히 거기에 머물 것이고, 나는 다시 실수의 가능성 속에 놓여 있게 될 것이다. 또한 내가 나의 뒤편에 오래도록 세워져 있다는 생각으로부터 벗어나지 못할 것이다.

자아는 완전할 수 없다. 하지만 우리 모두에겐 자신의 마음을 평온하게 만드는 방법을 선택할 자유가 있다.

인생은 공평하지 않다. 비록 공평함이 우리가 지녀야 할 중요한 삶의 한 부분임에도, 그렇다. 그러나 파충류나 곤충들이 어떤 표준화된 기준에 의해 움직이는 게 아니라고 해서 우리가 옳고 그름에 대한 우리들 각자의 기준을 던져버린다면, 결국 우리는 우리 자신을 배반하고 우리 자신의 본성에 적이 될 수도 있다. 역설적이게도, 비록 인생은 공평하지 못하지만, 공평함을 통해서만이 우리는 진정한 삶의 평화를 얻을 수 있다.

일이 어떻게 될지를 예상하고서 뭘 해야 할지를 결정할 수는 없다. 일이 어떻게 되어갈지는 알지 못하지만, 내가 믿고 있는 게 무엇인지는 알 수가 있다. 믿음은 현재의 것이기 때문이다. 그래서 다음과 같은 질문이 가능하다.

"내가 믿고 있는 것이 지금 해야 할 것 중에서 가장 단순하고, 가장 유익하고, 가장 행복한 것인가?"

문제는 선택이다. 만약 내가 나 자신을 존중하는 사람이라면, 나는 내가 믿고 있는 것이 올바른지, 거기에 입각해서 기준을 세우는지를 조심스럽게 살펴봐야 할 것이다. 그러지 못했으므로 나는 내게 주어진 것들을 한 곳으로 그러모으지 못했고, 내가 배운 것들을 내 것으로 만들지 못했다. 신념이 부족했던 것이다.

오늘 나는 한 대안학교를 방문할 일이 있었다. 수업이 끝난 후 지도교사 한 사람과 나는 스테이션 웨건(station wagon : 접거나 뗄 수 있는 좌석이 있고 뒷문으로 짐을 실을 수 있는 비교적 큰 승용차 – 역자)에 8살에서 13살까지 소년들을 가득 싣고 학교에서 추진하고 있는 공사의 현장으로 갔다. 기초공사를 하기 위해 땅을 파서 퍼놓은 3미터에서 10여 미터에 이르는 흙더미들이 줄지어 늘어서 있었다. 교사가 굴착기를 찾아 작업을 하는 동안 나는 흙더미에서 놀고 있는 아이들을 지켜보았다. 처음엔 낮은 곳에서 뛰어내리던 아이들이 점점 높은 곳으로 이동했다. 세 명의 아이들은 아주 빠르게 솜씨가 늘었는데, 그런 솜씨를 발휘하지 못한 어떤 소년이 보여준 진지한 태도가 내 마음을 사로잡았다. 다른 아이들은 모두 거쳐 갔지만, 그 아이만은 여전히 뛰어내릴 때의 공포를 이기기 위해 낮은 흙더미에서 계속 시도를 하고 있었다. 나는 그 아이의 얼굴에서 어떤 '투쟁'을 읽을 수 있었다. 소년이 가장 기대하고 있었던 것은 자신을 극복하는 일일 터였다. 몇 번의 시도 끝에 아이는 마침내 그것을 달성했고, 다른 아이들이 놀려대는 소리에 아랑곳하지 않고 다음 흙더미로 옮겨갔다.

오늘 나는 한 무능력한 친구를 위해 해야만 하는 자질구레한 일들을 게일에게 내가 불만스럽게 털어놓고 있다는 걸 깨달았다. 그런 내가 측은했지만, 나는 그 과업을 또한 어지간히 즐기고 있다는 사실을 알고 있었다. 엄청난 불편과 난관이 따르지만 그래서 오히려 '아우라'가 발산되는 경우가 있다. 어떤 남자는 매주 상사에게 끔찍한 취급을 받는 새로운 이야기 하나씩을 갖고 나를 찾아온다. 어떤 커플은 시간이 날 때마다 이혼할 거라고 주절거리면서 분노를 삭인다. 어떤 여자는 너무도 병약해서 거의 죽을 것 같다고 끊임없이 호소한다. 이런 발설들은 대개는 마치 뭔가를 '달성'이라도 했다는 듯 반복된다. 하지만 이 일들 중 어떤 것도 의미 있는 것은 없다. 이런 것들은 현재의 상태를 깨부술 수도 있고, 우리의 주목을 이끌어낼 수도 있지만, 여전히 그 발설에 담긴 내용을 재생시키는 것에 불과하다.

오늘 나는, 친구가 겪는 곤란한 일들에서 이익을 얻어내려고, 노력했다.

● 내가 겪고 있는 많은 문제들이 성장기가 빚어낸 결과물임은 부인할 수 없는 사실이다. 그래서 나는 내가 원하지는 않았지만 내 것이 되어버린 성격들 때문에 평생을 괴로워하며 지내고 있다. 인생은 공정한가? 아니다, 공정하지 않다. 그러나 이 사실은 다음과 같은 질문을 하도록 만든다. "어린 시절은 이미 끝나지 않았나? 나는 지금의 나를 책임져야할 만큼 나이를 먹은 게 아닌가?"

당신에게 사랑할 용기가 있는가

어쩌면 우리는 성장의 이론과 발전의 기술 따위로 우리 자신을 속이고 있는지도 모른다. 발전이란 사실 우리가 이해할 수 있는 범주에 속하지 않을지도 모른다. 그러나 차마 그 사실을 받아들일 수가 없어서, 우리는 여전히 발전의 개념을 끌어안은 채 발버둥을 치고 있다. 우리는 신문의 기사들을 읽고, 유명인사의 연설을 듣고, 통찰력으로 가득 찬 논쟁을 벌이지만, 우리의 발길이 향하고 있는 곳이 어디인지 우리 자신이 진정으로 알고 있다고 나는 확신할 수 없다. 어쩌면 우리는 우리가 가는 삶의 행로를 바꿀 수 없을지도 모른다. 만약 우리가 찾아가는 방향으로 가도록 우리를 그냥 내버려둔다면, 파멸에 이를지도 모른다. 열세 살의, 스무 살의, 혹은 심지어 마흔 살의 나 자신을 되돌아볼 때 나는 내 삶에서 일어나고 있던 그 어떤 중요한 변화들도 감지하지 못했다는 사실을 깨닫게 된다. 내가 믿었던 것 – 내가 읽은 책들, 내가 지껄인 관념들 – 은 거의 대부분 핵심을 빗나간 것들이었다. 이제야 나는 아주 조금, 내 삶 전체를 수놓고 있는 것들 중 지극히 일부분을 파악했노라고 말할 수 있다. 저절로 그렇게 되는 것이 아니라면, 내 성격에 긍정적인 영향을 주는 방식으로 내가 행동하는 것은 가능한 일이라고 나는 믿는다. 하지만 예전에도 나는 그렇게 믿고 있었다.

내가 마치 어떤 신비로운 사상을 향해 달려가는 듯 행동하던 때가 있었다. 그때의 나는 어떤 새로운 시스템이라도 믿지 않을 수가 없었다. 나는 내게 제공된 모든 불확실한 것들을 집어삼켰다. 증명되지 않는 것이라면 모두 받아들일 수 있었다. 그것은 마치 나를 탈출시켜줄 어떤 기발한 생각을 언젠가는 내가 할 수 있을 거라는 듯한 태도였다. 저 위 어딘가에서 '그들'이 듣고 있다가 내가 바로 그 생각을 하는 순간, 나를 끌어올려줄 것만 같았다. 그 순간이 찾아올 때 나는 숨을 길게 내쉬며 다음과 같이 말할 참이었다. "괜찮은 경험이었어!" 그들은 다 알고 있다는 듯 미소를 머금을 것이고, 비로소 나는 그들의 일원이 될 것이었다.

단지 말과 사상만이 그런 강력한 힘을 갖고 있었다면! 그랬다면, 관계라는 참호 속에서 이 따위 일들을 하면서 질질 끌려 다니지는 않았을 텐데!

다르게 행동하기 위해 뭔가를 생각해야만 한다면, 진정한 변화는 아직 일어나지 않은 것이다. 다르게 행동하기 전에는, 아무것도 이루어지지 않은 것이다.

●　새로운 생각에는 에너지가 넘친다. 하지만 오래 된 다섯 개의 건전지가 들어 있는 손전등에 새 전지 하나를 갈아 끼운 것처럼, 그 힘은 일시적이다. 익숙하고 편안한 과정으로 돌아가고, 친숙한 생각들을 거듭 하게 되는 것은 자연스런 일이다. 나 자신에게 끊임 없이 변화를 독려하는 것은 지속하기 힘든 노력을 요구한다. 그런 노력은 지속되어서도 안 된다. 더 이상 내게 영감을 불어넣지 못하는 개념을 따르라고 나 자신을 몰아붙이면 붙일수록, 나는 나 자신의 사랑과 직관을 더 많이 제거해야만 한다. 아무리 좋은 생각이라도 이미 유효한 기간이 지나갔다면 그것을 추구한다고 해서 얻을 수 있는 것은 없다. 어떤 생각이 내게 영감을 불어넣을 수는 있다. 하지만 그 자체가 영감은 아니다. 나의 중심에서 일어나는 변화는 무척이나 느리다. 내 생애에 한두 가지 교훈이라도 배운다면, 진정으로 배운다면, 그건 행운일 것이다. 이 말이 함축하고 있는 것은, 물론, 앞으로 더 많은 것들이 다가오리라는 것이다.

　정직한 사람은 그가 속한 집단이 제안한 모든 신념들에 동의하지는 않는다. 만약 내가 읽거나 들은 것을 나 자신의 경험에 비추어 그 가치를 가늠해보지 않는다면, 나 자신의 가치는 대체 얼마나 되겠는가?

우리가 지닌 관점이 믿을 만한 것인지 아닌지를 가늠해주는 것이 우리의 경험이라는 사실은, 우리로 하여금, 다른 사람들은 의미도 모른 채 지껄이고 있을 거라는 위험천만한 의심을 즐기도록 만든다. 본질은 물物 그 자체가 아니다. 친구라고 사랑인 것만은 아니다. 가르침이 항상 구원이 되는 것은 아니다. 그러나 구원은 한 사람을 사랑하는 것으로부터 시작한다.

시간은 우리를 미래와 과거로, 양자택일을 하는 것처럼 절대적으로 분리시키지는 않는다. 현재와 과거와 미래는 나란히 달리는 자동차의 흐름과 훨씬 더 유사하다. 지금 우리는 현재라는 차선에 있다. 하지만 때로 우리는 미래의 차선으로 미끄러져 들어가기도 한다. 그것은 마치 어제 있었던 테니스 경기에서 다음 포인트를 정확히 예측한 것과 같다. 어제의 그 경험은 낯선 것이 아니었다. 나는 그 비슷한 일들을 이미 여러 차례 겪은 바 있었다. 나는 모든 사람들이 그러리라고 생각한다. 기시감(déjà vu : 언젠가 일어난 것 같다는 생각이 드는, 일종의 착각 증세 - 역자)과 유사하다. 결국 미래는 단지 곧 닥치게 될 것만이 아니라, 바로 이 자리에 있는 것이기도 하다. 그것은 당장 쓸 수도 있다. 과거 또한 우리가 다다를 수 있는 곳에 존재한다. 치유가 가능할 정도로 가까운 곳에.

운이 좋거나 나쁘거나 하는 것이 내 삶이 움직여나가는 데 영향을 끼치는 것은 아니다. 신은 운 따위로 올바른 믿음을 보상해주지는 않는다. 만약 내가 사랑의 방향으로 움직인다면, 나는 더 많은 사랑을 받고 경험하게 될 것이다. 그건 운이 더 좋아진 것이 아니다. 그때 느끼게 되는 감회는, 내가 나 자신보다 더 나 같다는 것이다. 그것은 잠재되어 있는 '나'와 밖으로 드러난 '나'가 온전히 하나가 되어 있음을 의미한다. 내가 만약 앞으로 변하게 될 무언가를 지각할 수 있다면, 현재의 상태에서 나는 더 온전한 것들을 끌어낼 수 있을 것이다.

마침내 내가 변했다는 생각이 들 때, 나는 그 변화란 것이 친숙하고, 새로운 것이 아니라는 사실을 알게 된다. 그리고 이런 식으로, 적어도 부분적으로나마, 느끼고 행동했던 때를 떠올릴 수 있다. 그러면 어쩔 수 없이, 변화는 사라지기 시작한다. 하지만 사라지는 방식이 전과 꼭 같지는 않다. 더 오래 머물러 있든가, 더 많은 것을 남겨둔다. 변화란 우리가 한때 알고 있었던 어떤 것, 버리지 말아야 할 어떤 것이 되돌아오는 현상이다. 내 삶의 궤적을 보고 있으면 나는 그것이 거듭해서 삶의 수면 위로 떠오르는 것을 볼 수 있다. 나는 그것을 알 수 있다. 내가 바로 '그것'이다. 내가 제자리를 찾아 되돌아온 것이다.

당신에게 사랑할 용기가 있는가

나는 이 특별한 관계를 가슴에 품어왔다. 나는 '그'와 나란히 걸으며 얘기를 나누는데 – 이제는 다소 터무니없기까지 하다. 하지만 '그것', 그러니까 신이라는 '그것'만큼 터무니없지는 않다. 우주에 존재하는 모든 공감, 배려, 연민, 모든 사랑이 인간들의 작고 연약한 뇌 속에 둥지를 틀고 있다는 사실은 터무니없어 보인다. 마치 사랑이 돌연변이인 것 같다 – 우리는 가지고 있지만, 개미들은 갖고 있지 않은. 사랑의 씨앗을 꽃에다 이식하는 냉혹한 물리학의 법칙, 우주 한쪽 구석에서 일어나는 일탈 현상, 불이 타오르기를 기다리는 벌겋게 단 몇 개의 숯들. 사랑을 느끼고, 조금 밖에 없는 곳에는 많은 것들이 있어야 한다고 터무니없이 주장하는 내게 – 신은 바로 그 '많음'이다. 터무니없지만, 나는 그것을 믿는다. 나는 우리가 돌연변이로 태어난 괴물이 아니라고 믿는다.

얘기를 한다는 건 뭔가를 '한다'는 것이다. 나는 내 친구인 신에게 기도를 한다. 그러면 그것이 나를 변화시킨다. 단지 한동안에 불과하지만. 나는 내 안에 깃든 선량한 것 속으로 나 자신이 미끄러져 들어가는 것을 느낀다. 나는 깨끗하게 씻긴 것 같은 느낌을 받고, 더욱 온화하게 주위를 둘러보게 된다. 관계들은 새로운 토대 위에서 재건되어 나타난다. 그 새로운 토대란, 타인의 내면에 깃든 온화함을 인식하는 내 안의 온화함, 바로 그것이다. 나는 나 자신만의 아름다움과 전체성을 감각하고, 타인이 지닌 선善의 본질을 목격한다. 한동안 세계는 춤을 춘다. 자, 내가 그것을 느낄 수 있다면, 그것을 볼 수 있다면, 그것을 행동으로 옮길 수 있다면, 몇 번이고 다시 그것이 내게로 되돌려질 수 있다면, 그때 나는 그것이 존재한다는 사실을 알게 되리라. 그런데 나는 왜 이 사실을 믿기 위해 싸움을 벌이고 있는 것일까?

나는 일체감이라는 단어를 계속 사용하고 싶다. 하지만 일체감이라는 단어를 사용한다는 것 자체가 실은 일체감이 결여된 것이 아닐까? 그렇다, 결여되어 있다. 거기엔 바닥을 뒹굴며 배꼽을 잡을만한 재밌는 얘기도 없고, 섹스도 없고, 욕설도, 분노도 없다. 그것은 그저 부드럽고, 아름다울 뿐이다. 그것이 지루해서 오래지 않아 나는 더 많은 뭔가를 갈망하게 될 것이다. 문제는, 서로 다른 두 가지를 인간이 가질 수 있는가 하는 것이다. 고통과 위로, 격정과 평화, 오만과 따스함. 내가 아직 답을 내리지 못한 채 여전히 싸우고 있는 문제다. 내 가슴엔 아직 풀어놓아야 할 뭔가가 맺혀 있다. 나는 그것이 살아가는 방편이 되어주기를 원하지는 않는다. 내가 지금 원하는 그 '뭔가'를 나는 말할 수 없다. 그것은 예기치 못한 무엇, 계획하지 않았던 무엇이어야 한다. 당신이 아무런 상처도 입지 않고 살아왔다면 그것을 알 것이다. 자면서 꿈을 꾸어본 적이 없는 당신은 자는 동안 남자와 정을 통하는 여자 악령을 갈망할 것이다. 혹은 어둠 속에서 싱긋 웃고 있는 흡혈귀를 기다리고 있을지도 모른다. 그래, 이것이 지금 내가 성취하려는 목표일까? 칼로 찌르기도 하고, 상처를 치유해주기도 하는, 둘 모두가 가능한 그런 존재를 내가 기다리고 있다는 말인가? 그렇다면 신을 믿는다는 사실과 내가 싸움을 벌이는 것은 하등 이상할 게 없다 - 나는 여전히 신의 반대편에 서 있기를 원하고 있는 것이다.

몇 주 전, 앤의 친구 여러 명이 앤과 의견이 맞지 않았다. 그들이 물었다. "앤, 술을 왜 그렇게 마셔대는 거야?" 앤의 대답은 이랬다. "마시는 게 좋으니까." 앤의 친구들 중 하나가 내게 말하길, 그런 식의 말은 대화를 더 이상 이어나가지 못하게 만든다고 했다. 그날 거기에 있었던 모두가 그 말에 동의했다. 그들은 그 누구도 가르쳐줄 수 없는 뭔가가 존재한다는 사실을 깨달은 것이다.

● 만약 신이 존재하지 않는다면, 모든 것을 껴안는 지성과 사랑
이 존재하지 않는다면, 만약 우주 전체에 몇 개 되지 않는 뇌만이
존재한다면, 이 차갑고 심드렁한 진공 속에 들어 있는 모든 것이
죽음의 먼지와 몇 줌의 빛일 뿐이라면, 그때 나는 나 자신의 본성
에서 더 나은 쪽과 대화를 나누려 할 것이다. 그것은 나 자신의 사
랑과 용기에 대한 본능에 호소하는 일이다. 거기에 대해서 하고 싶
은 얘기가 있다. 하지만 내가 착각을 하고 있는 것은 아닌지 두렵
다. 혹시 나는 나 자신과만 얘기를 나누고 있는 것은 아닐까? 물론,
둘 모두 사실일 수 있다. 그리고 내가 얘기를 나누고 있는 나 자신
의 한 부분은, 실은, 더 큰 무엇의 한 부분과 연결되어 있다.

●　‘그것’에 대해 지나친 발언을 삼가는 것, 내가 알고 있는 이상의 것을 떠벌이지 않는 일은 중요하다. 영적인 것은 몇 마디의 말 속에 가두어놓을 수 없다. 당신은 그것을 알아야 하고, 받아들여야 한다. 그래야 할 것은 그래야 하기 때문이다.

그 누구도 그것을 제대로 알지 못한다. 인간이 존재하는 한, 그것을 온전히 알게 될 사람은 존재하지 않을 것이다. '나'라는 존재는 늘 진정제 몇 알을 급하게 털어 넣듯 사태를 빨리 무마해버리려 하고, 쉽게 뭔가를 말해버리고, 그저 아무 데서나 고개를 끄덕거릴 뿐이다. 그게 '나'의 성향이다.

오늘 우리는 영적인 현실에 대해 꽤 밀도 깊은 토론을 벌였다. 내게는 신성한 뭔가가 전혀 없는 걸까? 만약 진정으로 그렇다면, 어떻게 내가 거기에 대해 얘기할 수 있을까? 너무도 소중해서 감히 한 마디 말로 오염시킬 수 없는 뭔가가 존재하지 않을까?

내가 쓰는 것은 모두 어둠을 드러내는 것인 듯하다. 나는 지난 8년을 정직해지려고 노력했고, 나의 무의식은 그런 나를 결국 진지하게 받아들였다. 얼마나 좋은 점들을 얻게 되는가와는 상관없이, 나 자신을 불행에 빠뜨리는 능력 또한 늘 똑같이 존재하는 법이다.

딱정벌레를 밖으로 내놓으려고 하니, 모기가 벗겨진 머리를 쏜다. 머리숱이 많던 사춘기 시절엔 딱정벌레를 밖에다 놓아주는 식의 낯 뜨거운 자비는 감행하지 않았을 것이다. 어렵게 얻어지는 한 줌의 연민이 지금, 남용되고 있는 셈이다. 머리카락이 빠지고 있다. 적당한 속도로. 그 속도는 내게 적응할 시간을 준다. 내가 만약 모발이식을 받았다면, 나는 나 자신을 유예시킨 것일까? 수술로 주름살을 제거하고 머리카락을 심는다면 우리는 미적으로 다듬어질 것이다. 하지만 그로 인해 가치가 상실되는 뭔가도 있지 않을까? 내 몸은 우주가 내게 전해주려는 어떤 강의이며, 그 강의의 내용이 혹시 그리 오래지 않은 장래의 언젠가에 내가 없애버리려는 것에 대한 것은 아닐까?

● 　이것은 결코 내가 관여하고 싶지 않은, 끝나지 않는, 모든 미 국인들이 늙음과 맞서 전력을 다해 싸우는, 주름살의 행진을 막으 려는 부질없는 전쟁이다. 머리를 물들이고, 치아를 하얗게 만들고, 피부의 잡티를 냉동시켜 제거하는 것 - 그것을 하거나 하지 않는 것은, 돈의 문제를 다루는 것과 같다. 그렇다. 그것은 자신의 몸이 어떤 의미를 지니고 있는지에 대한 생각의 깊이를 선택하는 문제 인 것이다. 어느 쪽에선 하찮고 근시안적인 선택일 뿐이라고 할 것 이고, 다른 쪽에선 아주 중요하고 자신의 자유와 관련된 문제일 거 라고 하지 않겠는가?

당신에게 사랑할 용기가 있는가

나는, 얼마간 공포에 싸여, 내 몸이 몸만이 알고 있는 어떤 경로를 따라 사라져버리는 것을 본다. '약속의 땅'으로 간 것은 아니다. 중년에 일어나는 변화들도 사춘기 때만큼이나 빠르게 일어난다. 나는 롤러코스터를 타고 있다. 나는 둘 중 하나를 선택할 수 있다. 몸을 흔들어대며 내리게 해달라고 소리를 지르든가, 등을 기댄 채 느긋이 앉아 즐기든가.

ㅇ 　학창시절의 옛 친구들이 행진을 벌인다. 나는 그들이 모진 비
바람 속을 걸어왔다는 사실을 알 수가 있다. 그들을 보고 있으면,
내가 죽는다는 것은 자명한 일임을 알게 된다.

　달리는 자동차를 멈추고, 다른 차선으로 건너가기 위해 기다
리면서 나는 생각하곤 했다. "이 정도면 충분하군." 그런데 최근
의 나는 이렇게 생각하곤 한다. "이 정도론 안 될지도 모르겠군."
나는 어느 쪽이 인생에서 더 나은 생각인지 알지 못한다. 하지만
다른 운전자들에게 더 나은 생각이 어떤 것인지는 안다.

　당신이 그곳으로 가는 중이라면, '그곳'에 대한 불신을 버리
도록 하라.

●   일생동안 몸에 대해 생각하면서, 시시각각 변하여가는 내 몸의 거의 모든 부분을 우려의 눈으로 지켜보면서, 나는 에너지와 시간을 낭비해왔다. 턱은 너무 길어, 목은 오히려 더 길었어야지, 코는 좀 더 우아했어야 했어, 등등. 나이가 들어 변화된 새로운 모습은 또 다른 걱정거리를 안겨준다. 내게 일어날, 내가 미처 예상하지 못하는 일은 결코 몸의 문제가 아니란 생각이, 오늘 아침 갑자기 떠올랐다. 그건 전셋집 문제였다. 명백한 것은 어떤 사람을 잘 알게 되면, 그를 혹은 그녀를 하나의 육체로 여기는 생각이 줄어든다는 사실이다. 그때 내가 집중하는 것은 가슴에 담긴, 내면의 무엇이다.

"머리칼이 참 풍성하시네요," 하고 내가 말했다. "그래요? 전엔 숱이 더 많았죠." 여자가 대답했다. 여자의 말이 이어졌다. "그래서 여기까지 길게 길렀답니다." 과거를 들먹이며 우리는 우리의 지금을 살해한다. 그렇게 우리는 죽어간다. 온종일 우리는 우리 자신을 상대로, 그리고 타인들을 상대로, 이런 식의 자질구레한 전투를 벌인다. 우리들 마음 안에 어둠이 독毒처럼 쌓인다.

'일찍 늙어버린다는 것' - 조로早老는 우리 안의 어둠을 적나라하게 드러내놓는 일이다. 나이를 먹는다는 건 괜찮다. 하지만 조로는 아니다. 나이 드는 일은 나쁜 일도 아니고, 불쾌한 일도 아니다. 시간은 우리의 얼굴에 기록되고, 우리의 근육에 아로새겨지며, 우리는 어린 시절의 친구들에게서 그 그림자가 지나간 자리를 본다. 우리가 만약 시간의 흐름을 인지하지 못한다면 어떻게 될까? 많은 것들이 성장하지 못한 우리들 속에 방치되어 있을 것이다. 우리의 영혼도 어린 것 그대로 남아 있지 않겠는가.

146

당신에게 사랑할 용기가 있는가

몸에게 마음의 일생을 살아가도록 강요할 수는 없다. 또한 마음에게 몸이 이끄는 대로 따라가라고 해서도 안 된다. 아플 때, 나는 내 몸을 뒤편으로 물러나 쉬도록 한다. 하지만 마음의 팔은 여전히 아내를 감싸 안을 수 있다.

몸을 만약 개라고 상정한다면, 우리는 더 훌륭하게 몸을 보살 필 수가 있을 것이다. 우리의 독일산 셰퍼드가 아무거나 먹으려들 지도 않고, 냄새를 맡으려 들지도 않는다. 그런데 만약 죽은 새에 게로 가더니 코를 킁킁거리다가 먹으려 한다면 우리는 "안 돼!" 라고 주저 없이 말할 수 있다. 왜냐하면 녀석을 사랑하기 때문이 다. 진실로 내가 내 몸을 사랑한다면, 내 몸은 수없이 많은 "안 돼!"라는 소리를 들어야 할 것이다.

70년이라는 세월이 우리들이 어떻게든 유용하게 사용할 수 있는 시간의 전부인가 아닌가 하는 것을 우리는 알지 못한다. 내 삶에 주어진 피할 수 없는 조건들, 가령 백인 남자라는 사실, 버지니아Virginia와 휴Hugh 2세의 외아들이라는 것(작가 휴 프레이드는 휴 프레이드 3세다 - 역자), 그리고 멀쩡한 사지를 갖고 있으며 어린 시절의 어떤 일이 유난히 기억에 남아 있다는 사실들은, 말하자면, 200년 동안 똑같은 사람으로 살아가는 데에도 진정 유용한 것일 수 있을까? 아마도 여기에 대한 대답은, 사물이 일반적으로 존재하는 양식을 그냥 믿고 따르라고 하는 것일지 모른다. 모든 세세한 것들을 따져가며 조몰락거리는 것은 신을 진정으로 믿는 모양새가 아니다. 믿음이란 부모가 잠자는 아이를 살펴보는 것과 같이, 사랑 가득한 눈으로 살펴보는 것이다. 우리들 대부분이 머지않아 갖게 될, 모든 것이 신의 손 안에 있으며 우리가 지극히 사랑받고 있다는, 지극히 비논리적인 그 감정을 달리 어떤 방법으로 표현할 수 있는가?

당신에게 사랑할 용기가 있는가

　사람들은 거듭해서 말했다. "그녀는 초의 양쪽에다 불을 붙이고 있어. 지나치게 정력을 쏟아붓고 있단 말이야." 내가 대답했다. "그녀에겐 불이 더 필요할 걸요." "그렇지만 휴, 그런 식으로 계속하다간 그녀는 절대로 오래 살 수 없어." 그들의 말은 결국 내 입을 막아버렸다. 일찍 죽게 될 거라는 소리는 정말이지 듣고 싶지 않았던 말이었다. 하지만 그 문제는 거기서 끝낼 게 아니었다. 사실, 그녀는 이른 죽음을 맞이할는지도 모른다. 하지만 오래 산다는 것이 과연 인간이 바라는 최고의 희망일까? 그녀가 초의 양쪽에다 불을 붙이고 있긴 하지만, 우리 모두 역시 그렇지 않은가? 앉아서 혀를 끌끌 차며 그녀를 씹어대는 동안 우리는 우리의 마음과 근육 양쪽에다 불을 붙이고 있는 것이다. 적어도 그녀는 뭔가를 느낀다. 하지만 스스로를 불태우지 않고, 독선에 빠져 겨우 몇 조각의 불쏘시개가 되는 게 뭐가 그리 대단한 일이란 말인가? 모든 것이 끝날 때, 수의를 끌어 덮는 것 외엔 아무 것도 남아 있지 않을 때, 그럼 우리는 이렇게 말해야 한단 말인가. "그 사람은 친구들보다 7.4년을 더 살았어."

　　사체보관소에 신원을 알 수 없는 한 여인이 안치되어 있다. 그녀는 3주일 이상 그곳에 있었다. 산타페(지은이 휴 프레이드가 살고 있는 뉴멕시코 주의 주도 - 역자) 정부가 이런 식으로 노력을 기울이는 걸 전에는 결코 보지 못했다. 두 개의 신문사가 이 문제를 다루고 있다. 모든 사람들의 마음이 거기에 쏠려 있는 듯하다. 뉴멕시코의 글로리에타 센터는 그녀를 매장하자는 얘기를 공개적으로 제안했다. 익명의 존재가 너무도 쉽게 우리 앞에 나타날 수 있다는 사실에 우리 모두가 얼마간 공포를 느끼고 있음에 분명하다.

당신에게 사랑할 용기가 있는가

링 위에 쓰러지면 당신은 드러누운 채로 이렇게 말한다. "무의미해. 이렇게 해봐야 달라지는 건 없어." 무의미하기 때문이라는 사실이 당신을 위로하고, 당신에게 치유의 시간을 가져다준다. 하지만 일단 치유가 되고나면, 당신에게 휴식을 가져다주었던 바로 그 무의미함이 당신으로 하여금 더 많이 노력하도록 독려할 것이다. 확연히 찾아드는 노쇠와 죽음, 인간의 삶이 남긴 모든 족적을 쓸어내 버리는 역사라는 크고 무거운 빗자루, 수없이 많은 황금의 동상과 명성과 돈에 대한 희망보다 더 크게 당신을 움직이는 동기들 – 그 모든 불가능해 보이는 것들이 그대를 부추기는 것이다. 당신이 그것을 해야만 하는 것은 결국 그것이 아무런 의미도 없을 것이기 때문인지도 모른다.

오늘의 모든 영웅담을 보라. 여기, 나의 오랜 친구인 패링턴이 있다. 여든한 살에, 소망은 오직 소설을 쓰는 것이다. 그의 작품은 질적으로나 양적으로나 떨어지고 있다. 지난 20년, 그는 책을 써서 그다지 성공을 거두지 못했다. 하지만 그는 변명을 늘어놓지 않는다. 그가 어떤 기분을 느끼는지 나는 안다. 그는 쓰는 일을 원하고, 여전히 할 수 있으리라고 생각한다. 하지만 그는 틀렸다. 20년 전에 그가 했던 것들과는 결코 같을 수 없다. 그러나 그 사실이 그를 멈추게 하지는 않을 것이다. 그는 가능한 한 머리를 땅으로부터 멀리 떨어져 있게 하기 위해 두 다리를 팽팽하게 버팅기고, 뇌세포들이 오그라들고 있음을 알면서도 꼭 한 번만이라도 더 나은 곳으로 전진하고, 더 나은 것을 창조하고 성취하려고 사투를 벌이는, 그런 위대한 유형의 인간이다.

당신에게 사랑할 용기가 있는가

나는 거의 일 년 동안 내 친구를 위해 책을 하나 쓰고 있는데, 뭔가 잘못된 거라는 사실을 직감했다. 이제 나는 그게 무엇인지를 알게 되었다. 동기도 좋았고, 글도 나쁘지 않았지만, 기울인 노력이 거기에 미치지 못했다. 힘이, 숨통을 조이는 긴박감이 없었다. 그 사실을 깨닫고 난 뒤의 나는 시간을 두 배로 늘이고, 매일의 계획표를 좀 더 치밀하게 그리고, 그렇게 세워놓은 계획을 달성하기 위해 더 성실히 노력한다면 더 좋은 결과를 얻을 자격이 있으리라는 기분을 만끽하고 있다. 작업하는 속도는 들쭉날쭉했지만 결과는 받아들여져야 하는 게 아니냐고 말하는 것은 적절하지 못하다. 거기엔 이미 정신적인 불균형이 존재하기 때문이다. 그 작업에는 정의와 가치에 대한 인식이 실종되어 있다. 우리는 모든 것에 전력을 다해야만 한다. 그렇지 않은 것은 무엇이든, 우리가 우리의 '가슴'을 배반하는 일이다.

우리가 알고 있는 것을 누구에겐가 알려 줄 방법이 좀체 드러나지 않을 때가 있다. 험난한 지경으로 빠져 들어가는 누군가를 지속적으로 구제해주는 데 성공을 거두어왔다는 생각이 옳지 않다는 사실은 매번 꽤 오랜 시간이 지나 증명되곤 했다. 우리들 각자는 처음부터 다시금 우리 스스로의 힘으로 이 사실을 깨우쳐야만 한다. 우리 모두가 신의 손안에 놓여 있다고 말한다면, 우리가 그 일을 달성할 수 있으리라고 믿는 것은 어쩌면 오만일지 모른다.

나는 서른두 살이 되어서야 죽음을 믿기 시작했다. 우리는 그때 버클리에 살고 있었는데, 나는 책 한 권 내지 못한 작가로 2년째를 보내고 있었다. 새벽 두 시경이었다. 게일은 잠이 들어 있었다. 침대에 누워 있던 나는 아침 해를 볼 수 없을 거라는 거의 절대적인 확신이 들었다. 침대에서 일어나 거실로 갔다. 나는 내 인생에서 하지 못했던 일들, 잊고 지냈던 지인들, 중요하지 않은 것을 중요하게 만들었던 것들을 떠올리기 시작했고, 그러다 울음을 터뜨리고 말았다. 울음은 몇 시간이나 그쳤다 터졌다를 반복했다. 마침내 해가 부윰히 떠올랐고, 나는 쓰기 시작했다. 그때 내가 쓴 것은 처음으로 출간한 책의 첫 페이지가 되었다.

내가 죽음을 두려워해야 할 뚜렷한 이유는 없었다. 병이 든 것도 아니었고, 위험에 빠진 것도 아니었다. 단지 나는, 죽음을 진지하게 받아들여야 할 시간이 다가왔던 거라고 생각한다. 우리는 원하든 원치 않든 영적으로 성장하게 되어 있으며, 내게 그것은 하나의 위안이 되는 사실이다. 그것은 인간의 사랑에 비유할 수 있는, 우주가 행하는 여러 일들 가운데 하나라는 증거다. 나는 내 안의 도덕성을 살펴보게 되었고, 그것은 내가 어떤 식으로든 보살핌을 받은 셈이었다. 그 이유는 그로 인해 내 인생의 평범한 요소들을 존중하게 되었기 때문이고, 내게 남은 시간을 더 신중하게 사용하기 시작했기 때문이다.

● 그는 자신이 원하는 것은 작가가 되는 것이라고 말한다. 내가 글을 쓰는 데 필요한 준비 작업, 책을 내지 못하며 보내야 하는 몇 년의 시간, 캐비닛을 가득 채우고 있는 출판사로부터 되돌아온 원고와, 시작은 그럴 듯하게 했지만 마무리를 하지 못한 숱한 원고들에 대해 얘기를 할 때도, 그는 눈알을 이리저리 굴리며 원고를 청탁하는 편지와 전화, 인세에 대해 묻는다. 그는 글을 쓰는 데 필요한 준비단계가 언제 끝나게 될는지에 대해 생각하고 있는 모양이지만, 준비는 결코 끝나는 법이 없다. 준비단계의 가치를 인정한다면, 이 사실을 결코 간과해서는 안 될 것이다. 그는 재능과 매력을 갖고 있으며, 타고난 소질도 있는 듯하지만, 고난을 이겨내려는 열정이 결여되어 있다. 그는 목표를 갈망하지만 싸우려하지 않는다. 그에게 있어서 글쓰기가 실패할 수밖에 없는 것은, 그동안 많은 일들을 시도했지만 이루어내지 못했던 이유들과 다를 게 없다. 집착은 과정 속에 녹아들어야 하며, 하나씩 행위로 옮겨져야만 한다. 당신이 써놓은 것들을 사람들이 읽게 될 때까지는 당신이 뭐하는 사람인지 아무도 알지 못거니와, 다음 작품에 대한 계획에 당신이 얼마나 사로잡혀 있는지, 흡족하게 끝낸 작품이 출간된 뒤에 돌아오는 비판이나 찬사에 당신이 얼마나 시달리는지 따위에는 관심이 없다. 노력은 현재의 일이며, 결과는 미래의 일이다. 지금 노력을 다하지 않는다면, 미래에 대한 낙관만이 아니라 현재조차 가망이 없다.

내 인생이 한 마디 할 것 같다. 임종의 침상에서 지난날을 회상하며 내가 했던 행위들이 '나'라는 제3자에 대해 이렇게 말할지 모르겠다. "그 사람, 너무 내달리지 않았더라면 좋았을 텐데." 어쩌면 이렇게 말할는지도 모른다. "그는 가족들을 사랑했었지." 혹은, "그 친구는 재능을 돈과 바꾸어버렸어." 그 순간이 오면, 나는 내가 할 수 있었던 가장 멋진 것들을 나 자신에게 주었기를 희망한다. 나는 내가 하는 행위들이 훗날 휴식을 취할 수 있는 침대가 되기를 바란다.

당신에게 사랑할 용기가 있는가

　　한 사람의 인생이 한 눈에 모두 보일 수 있을까? 나는 내 인생 전부를 볼 수 있을까? 그래서 그것을 새로운 무엇으로, 멋진 작품으로 만들어낼 수 있을까? 내가 처리해야 할 것들은 대부분 쓰레기에 불과하다. 쓱 훑어보기만 해도, 고상한 것이라곤 눈에 띄지 않는다. 나는 스치듯 지나가는 것 이상의 일을 해놓지 못했다. 10대와 청년 시절엔 나 자신을 초월하고픈 열망을 가지기도 했었지만, 삶 전체를 둘러보면 또렷한 주제가 없다. 나는 '지구' 위에 불쑥 내던져진 태엽 감는 장난감처럼, 어느 하나를 넘었고, 단지 그것을 넘었기 때문에 다음 것으로 넘어갈 수 있었을 뿐이다. 누가, 혹은 무엇이 나로 하여금 이쪽으로 가게 한 것일까? 그 무엇도, 우연을 제외하고는 그 어떤 것도, 그렇게 하지 않았다. 적어도 나는 내 손으로 내 인생을 주물럭거릴 수 있고, 잘 끝낼 수도 있다. 한 폭의 그림, 한 곡의 노래, 한 편의 시는 마지막 순간에 바꾸어놓을 수 있다. 나는 말다렐리(Oronzio Maldarelli(1892-1963) : 이탈리아에서 태어나 미국에서 활동한 조각가 - 역자)가 언젠가 조각을 하며 그렇게 하는 것을 본 적이 있었다. 그가 망치로 톡톡 쳐서 석고 몇 조각을 떼어내자 흉상이 살아나기 시작한 것이다. 죽음이 삶으로 돌아서는 순간이었다.

몸의 안쪽에 있는 것보다 더 많은 것들이 바깥에 있다. 나는 내가 신뢰하는 것이 사실일까 아닐까 '걱정'하고 싶지 않다. 나는 뭔가를 '갈망'하기를 원한다. 손을 뻗어 구름 위를 더듬는 것을 두려워하고 싶지 않다. 내가 의심하는 것에 나 자신을 내던지고 싶다. 누구든 완전히 부수어져야만 한다. 몇 번이 되었건 진실에 의해 그는 낱낱이 찢어져야만 한다.

무엇을 하기에는 너무 늦은 것일까? 위대한 인생은 모두 무모하게 나아간다. 남자든 여자든 독특한 아름다움을 지닌 사람이 그렇듯, 그것은 거의 험악하다. 그들이 하는 시도들은 저마다 기괴한 목표를 향해 나아간다.

나는 충분히 나이를 먹었다. 많은 교훈들을 얻었다. 필요 이상으로. 쓰고도 남을 만큼. 남은 것들을 분주히 쌓아두는 이 짓을 그만 끝내야 할 시간이 찾아오고 있다. 내 마음이 건네주는 충고 외엔 그 어떤 것도 필요하지 않다. 그런데 나는 왜 새로이 마음에 새겨야 하는 것들, 새로운 기법들로 나 자신을 계속 채워나가려 하는 것일까? 그건 한낱 꾸물거림에 불과하다. 나는 나 자신을 신뢰할 수 있다. 나는 무엇을 해야 하는지를 알고 있다.

이제 나는 내 인생의 온전한 소유자가 되어, 열망의 끝을 향해 불가능한 여행을 떠나야 할, 나의 가장 사랑스러운 꿈을 향해 첫발을 뗄 시간이다. "지금 내가 알고 있는 것을 그때 알고 있었더라면,"이라고 말하지 말라. 지금 나는, 시작하기에 충분할 만큼 알고 있다.

사랑이 내 영혼 안에 존재하던 때가 있었다. 그것은 내 눈을 열망의 불꽃, 순수의 불길로 타오르게 했다. 나는 그것이 친구들의 어깨 위로 기름처럼 쏟아져 내리던 것을 볼 수 있었다. 먼지를 뚫고 나오는 빛처럼, 그것은 내 꿈들을 뚫고 비쳐 나왔다. 하지만 이제 내가 하는 생각은 개가 하는 생각이고, 내가 벌이는 싸움은 벌레들이 벌이는 전쟁이다. 내 발은 핏물에 흥건히 젖어 있다. 그 발이 어디를 향해 갈는지 모를 리가 없다.

코앞에 닥친 위험은 아닐지라도, 당신이 죽으리라는 것을 알게 되는 때가 올 것이다. 위험이란 우연히 닥치고, 우연히 닥친 위험은 사라진다. 이것은 당신에게 주어진 바로 그 한계들을 자각하는 일이다. 이것은 당신이 살아온 세월을 자각하는 일이며, 당신에게 얼마만큼의 시간이 남아 있는지를 자각하는 일이다. 이런 경험은 처음엔 두렵지만, 두려움이 점점 사라지면, 당신이 개입하고 있는, 혹은 면밀히 살펴보지 않은 채 흘러가도록 내버려두었던 셀 수 없이 많은 일들이 상대적으로 어떤 가치를 지니고 있었는지, 혹은 얼마나 무의미한 것이었는지를 판단할 수 있는 더 넓은 시각을 갖게 해줄 것이다. 그렇게 될 때 당신은 일상으로 넘어가는 어떤 일들을 자의적으로 하지 않겠다고 거부할 수 있다. 이제 당신은 안다. 그것이 시간의 문제라는 사실을. 또한 그것은 당신의 시간이지, 그 누구의 시간도 아니라는 사실을. 그래서 포기하도록 당신이 종용받고 있다는 사실을. 현실은 결국 당신으로 하여금 다시 한번 보라고 강요하며, 당신이 보는 그것이 당신의 이기심을 녹여버리기 시작할 것이다. 당신은 안다. 당신이 혼자가 아니고, 당신이 가진 시간은 당신 혼자 쓰는 게 아니며, 당신의 인생이 실은 여러 개의 삶이라는 사실을. 또한 어떤 결과가 생겨나든 당신이 그렇게 했다는 사실을, 그리고 당신의 행복이 혼자만의 것으로 남겨지지 않으리라는 사실을 당신은 안다. 당신이 알게 되는 것은 당신 자신의 인생만큼 당신에게 중요한 무엇인가가 존재하고 있다는, 바로 그 사실이다.

오늘 저녁, 창밖으로 석양이 막 지고 있는 장면을 우연히 보
게 되었다. 어떤 경외감과 함께, 홀연히 빨려 들어가는 또렷한 느
낌이 들었다. 그 순간의 내 느낌은 죽음으로 빨려 들어가고 있다는
느낌과 조금의 차이도 없었다. 그때 나의 이 작은 삶은 중요하지
않았다. 그것은 하나의 아름다움이었고, 나는 그 아름다움에 속해
있었다. 모든 것이 완전했다.

당신에게 사랑할 용기가 있는가

초판 1쇄 2011년 2월 22일
초판 2쇄 2012년 3월 20일

지은이 휴 프레이더
옮긴이 하창수

펴낸곳 리즈앤북
펴낸이 김제구
등록번호 제22-741호 ı 등록일자 2002년 11월 15일
주소 121-841 서울시 마포구 서교동 463-31 플러스빌딩 4층
전화 02.332.4037 ı 팩스 02.332.4031
이메일 riesnbook@paran.com
인쇄 제본 한영문화사

ISBN 978-89-90522-66-5 03180

*값은 뒤표지에 있습니다.
*잘못 만들어진 책은 구입하신 서점에서 바꿔 드립니다.